L'Ennui à l'école

L'Ennui à l'école

scérén
[CNDP] – Albin Michel

Éditions Albin Michel
22, rue Huyghens, 75014 Paris
www.albin-michel.fr

SCÉRÉN/CNDP
29, rue d'Ulm, 75005 Paris
www.sceren.fr

ISBN SCÉRÉN/CNDP : 2-240-01289-7
ISBN Albin Michel : 2-226-14188-X

Présentation

L'ennui est devenu le péché capital de l'âge contemporain et le divertissement paraît s'imposer comme son nouvel impératif. Chaque parent en fait quotidiennement l'expérience : l'exigence d'occuper sa progéniture est devenue un travail à plein temps, sinon plus. Le seuil de tolérance à l'ennui se serait-il brutalement et mystérieusement abaissé ?

L'école n'échappe pas à cette évolution. Sans doute y a-t-on toujours et intensément éprouvé ce « malaise général et vague... d'autant plus pénible qu'il a pour premier effet d'enlever l'énergie nécessaire pour s'en affranchir », pour reprendre l'heureuse définition d'un professeur de collège[1] de 1882. Et sans doute avait-on de bonnes raisons de ressentir ce « douloureux

1. Henry Mallet, collège de Chalon-sur-Saône.

état »[1]. Mais force est de constater qu'aujourd'hui, et de plus en plus, les querelles d'écoles sur l'école se nourrissent de projets pédagogiques visant à stimuler l'intérêt de l'enfant par des moyens divers, dont n'est pas exclu parfois le rêve d'un apprentissage sans effort et par le jeu. La controverse s'est trop souvent figée dans l'affrontement de deux positions. D'une part, il y aurait une forme noble de l'ennui, passage obligé de toute acquisition de savoir, concentration de l'attention pendant des séquences déployées en heures sur un sujet limité sinon unique : comment le concilier avec la « culture du zapping » ? D'autre part, le « mauvais » ennui se déploierait dans des classes poussiéreuses, autour de professeurs sans enthousiasme, dans la répétition stérile des mêmes leçons dépourvues de tout lien avec la réalité. Il accentuerait le décalage trop souvent dénoncé entre l'école et la société, dont elle forme les citoyens. Faut-il pour lutter contre le mauvais abolir démagogiquement le bon ? Faut-il pour préserver le bon méconnaître totalement le mauvais ?

Il fallait dépasser ces clivages sans pour autant négliger ce que cette question de l'ennui nous révèle des profondes mutations à l'œuvre concernant les finalités mêmes de l'école.

C'est dans cette perspective que le Conseil national des programmes (CNP) a organisé à la Sorbonne, le 14 janvier 2003, un colloque intitulé « Culture scolaire

1. Qu'on en juge avec ce souvenir d'une époque révolue (un collège des années 1840) n'engageant nulle nostalgie : « On se levait à cinq heures, hiver comme été, le bon élève restait sur pied, ou plutôt assis, jusqu'à dix heures du soir. Sur cette journée de dix-sept heures, nous avions à peu près deux heures de récréation ; et pour peu qu'un pauvre petit homme assis quinze heures par jour se fût agité sur son banc, on le condamnait à passer la récréation dans un travail d'expéditionnaire : le pensum ! Et l'on nous disait "le collège est à l'image de la vie". Quelle perspective ! » (Edmond About, cité par A. Thiercé, *Histoire de l'adolescence*, Paris, Belin, 2000, p. 63.)

et ennui ». Il s'agissait de réunir des chercheurs et des acteurs du système scolaire afin de mettre à l'épreuve la définition qu'il a récemment proposée d'une « culture scolaire partagée[1] ».

Ce livre a été construit à partir des communications et débats de ce colloque. Il en reprend le cheminement : approcher l'intelligence de l'ennui à partir de la biologie, la psychanalyse, la philosophie, l'histoire, l'ethnographie ; tenter d'en saisir les manifestations concrètes en suivant les enquêtes et les observations menées sur le terrain ; ne pas éluder le débat quand il a été question de définir un « bon usage » de l'ennui. En faisant résonner la pluralité des approches – le désespoir de certains autant que les pistes ouvertes par d'autres –, les diverses interventions ont contribué à interroger le sens et la finalité de l'école et de ses programmes.

À l'heure où les nouvelles rédactions des programmes s'appliquent à les rendre lisibles par tous, il était important de soumettre au public la teneur de cette journée. Au nom du CNP, les organisateurs de ce colloque tiennent à remercier très chaleureusement chacun des intervenants qui se sont attachés à ce qu'ici en tout cas l'ennui ne s'empare jamais des lecteurs.

ALIETTE ARMEL
GILLES LIPOVETSKY
PIERRE-HENRI TAVOILLOT

1. *Qu'apprend-on au collège ?*, SCÉRÉN/CNDP-XO, 2002.

Première partie

Définitions

Jean-Didier Vincent

Les neurones de l'ennui

Jean-Didier Vincent : président du Conseil national des programmes, professeur de neurobiologie à Paris XI et à l'Institut universitaire de France, directeur de recherches au CNRS (Gif-sur-Yvette), il poursuit, depuis *Biologie des passions* (Odile Jacob, 1986), son travail d'écriture sur le fonctionnement de la psyché.

L'ennui fait partie de l'humanité. L'homme est un animal qui s'ennuie plus que tous les autres : c'est une des définitions possibles de l'homme.

À certaines périodes, l'homme s'est beaucoup ennuyé, à d'autres moins, mais l'ennui alors est apparu d'autant plus détestable qu'il était particulièrement redouté. Au XVIIIe siècle, l'ennui a été dénoncé comme une incorrection : s'ennuyer n'était pas civilisé.

La marquise du Deffand s'est peu ennuyée. Elle avait une très belle conversation, un talent d'épistolière et de

La marquise du Deffand

« L'ennui est comme la gelée et fait mourir toutes les plantes. C'est un avant-goût du néant, mais le néant est préférable. C'est la plus épouvantable des maladies de l'âme ; elle seule donne une idée des supplices de l'au-delà. C'est un mal redoutable. Il est inévitable pour ceux qui ont été agités par les passions et souffrent de la privation. »

nombreux amants, dont quelques-uns lui étaient fidèles, comme Horace Walpole, avec qui elle ne pratiquait plus, à la fin de sa vie, que la conversation, ce qui est une très bonne façon d'aimer les autres. Dans sa définition de l'ennui, la marquise décrit la manifestation de ce que j'appelle les processus opposants : la structure même de son cerveau interdit à l'homme de prendre du plaisir sans que se mettent en place des mécanismes tirant en sens inverse. Quand le plaisir s'arrête, le manque et la souffrance apparaissent. L'inverse est également possible : on commence par souffrir pour jouir ensuite. Cela peut paraître simpliste, mais le fonctionnement de notre cerveau profond est presque élémentaire, contrairement à celui du cortex qui nous rend la vie difficile.

L'ennui a une dimension universelle. Ce qui caractérise les vertébrés, ce n'est pas seulement la présence de vertèbres, mais la capacité de s'ennuyer, de désirer, de prendre du plaisir et de souffrir. Pour cela, sont apparues, au cœur même du cerveau, une substance, la dopamine, et des structures nerveuses où s'affiche ce neurotransmetteur. L'ennui se manifeste même chez les poissons qui tournent en rond dans leur aquarium. Ils s'ennuient mais n'ont pas de mots pour le dire. Au zoo, pour compenser la pauvreté des stimulations qu'ils reçoivent, les animaux font comme les élèves dissipés : ils accomplissent des actes sans signification sociale, sans utilité. Les singes grimpant en tous sens sur les barreaux de leur cage donnent une image du comportement de certains enfants en classe ou dans la cour de récréation.

L'ennui frappe surtout les hommes. Le célèbre psychophysiologiste Berlyne le décrit comme l'inverse de l'activation. Pour que nous soyons présents au monde, avec une conscience et des actes plus ou moins organisés, nous devons être stimulés. La dopamine est largement responsable de cette activation du cerveau qui supporte l'intention, l'attention. Berlyne présente l'absence de stimulations et la rareté des affects comme un des moteurs du comportement. Le sujet agit pour ne pas s'ennuyer et ce stimulus négatif est tout aussi important que les objets appétitifs faisant naître le désir. Plus encore, les objets ou les situations aversifs induisent des comportements pour s'éloigner d'eux. C'est un renforcement négatif.

Pour générer expérimentalement l'ennui, on peut pratiquer une privation sensorielle, une situation intolérable. L'absence de stimulations conduit à des comportements psychotiques au bout d'une très courte durée. Un « bruit blanc » est toujours maintenu dans les caissons à privation sensorielle car l'absence totale de bruit est un supplice conduisant à des décharges motrices, à des activités incontrôlées essayant de compenser cette absence de stimulations. Destinés à combattre l'ennui, ces actes répétitifs ne font, en fait, que l'aggraver, nourrissant le « cercle vicieux de l'ennui » : le système se renforce lui-même.

L'autre façon de sombrer dans l'ennui est la monotonie, la répétition du même stimulus de façon régulière, qui provoque une désertification des affects et des comportements violents. Les expériences de Karlsten sont très significatives à cet égard. On demande à des sujets de dessiner des barres verticales régulières. On impose des durées et on promet des récompenses financières au bout d'un certain nombre de barres verticales. Très vite, les sujets trichent, inclinent les barres, introduisent des diversités et de la variété dans leur production. La situation devient intolérable et les sujets violents. Malgré la promesse de récompense, ils arrêtent cette expérience insupportable.

Il ne faut pas confondre cette monotonie avec l'*habituation,* terme désignant, dans les processus pavloviens, un stimulus répété fréquemment qui a perdu son efficacité et n'entraîne plus de réponse. L'habituation conduit au sommeil et à la chute de la vigilance. C'est donc le contraire de l'ennui, qui conduit à une activation inappropriée, à des gestes, de la violence et des comportements désocialisés, non orientés vers quelqu'un d'autre ou vers un but. Le fait que le cortex ne soit plus activé provoque une levée d'inhibition au niveau des structures qui génèrent et supportent les comportements. La dopamine coule alors dans le cerveau, mais de façon inappropriée.

À ce niveau, l'ennui peut être considéré comme une véritable toxicomanie. Le sujet est dans un état de dépendance de l'activation, recherchée pour elle-même. L'arrêt de cette activation inappropriée provoque un manque. Les enfants se comportent comme des toxicomanes de l'agitation, de la violence et de la perte du rapport social. En même temps, se produit, comme dans les mécanismes de dépendance toxicomaniaque, une hypersensibilisation des récepteurs de la dopamine. Quand un neurotransmetteur est sécrété, il faut qu'il trouve des récepteurs pour agir sur les cellules cibles. Quand une source de neurotransmetteur se tarit, les récepteurs amplifient leur réponse, se multiplient et se sensibilisent pour tenter de compenser le déficit. Le moindre stimulus exogène provoque alors, quel que soit son intérêt, une réaction inappropriée, une agitation, une turbulence liées à l'hypersensibilisation du système.

Toutes sortes de stimulations sont facteurs d'ennui lorsqu'elles deviennent monotones : ainsi le discours du maître lorsqu'il n'a aucun point d'ancrage pour éveiller la curiosité et susciter l'intérêt de l'élève. C'est également le cas dans bien des situations de la vie affective où la diversité s'avère souhaitable. On peut ainsi décrire l'effet Coolidge[1] : quand il s'accouple, le rat éperdu d'amour pour une rate voit sa dopamine augmenter dans ses structures sous-corticales. Lors du deuxième accouplement, le taux de dopamine s'élève et ainsi de suite pendant cinq ou six fois. Soudain, le rat s'arrête. Il suffit de changer de rate pour qu'il reprenne son activité copulatrice. À l'opposé, on peut évoquer l'*acedia*, la monotonie qui guette la vie des moines. Ce n'est pas une dépression. La pauvreté sensorielle de la vie monastique, la perte de socialisation, l'absence de stimulation conduisent à des explosions hallucinatoires et des comportements aberrants dans lesquels les autorités ecclésiastiques du Moyen Âge voyaient l'intervention du diable.

1. Effet Coolidge : comme on présentait au président des États-Unis, visitant une ferme modèle, un taureau capable de s'accoupler quarante fois dans la journée, il eut cette remarque face à son épouse admirative : « Oui, ma chère, mais pas avec la même ! »

Nous sommes inégaux devant l'ennui. Les seuils de tolérance varient selon les individus et cette inégalité est parfois d'ordre génétique. Chez les rats, par exemple, le groupe des Lewis, des « rats mous », indifférents, s'oppose au groupe des Fischer, des « rats curieux ». La dopamine est à l'origine de ce comportement. Les Fischer deviennent facilement toxicomanes et appuient sur des pédales leur permettant de s'injecter une drogue, tandis que les Lewis, vertueux par indifférence, passent devant ces machines sans s'y intéresser.

Cette disposition peut aussi être acquise. Si l'on « stresse » un rat dès les premières semaines, il devient plus volontiers toxicomane, et donc accessible à l'ennui. Certaines conditions de vie de l'enfant créent des hypersensibilités à l'ennui : ils deviennent des *sensation's seekers* ou des hédonistes, selon la classification française. L'ennui leur est intolérable, ils sont en perpétuelle quête de sensations : c'est un moteur d'action mais aussi un facteur de dépressions, très différentes de celles qui se produisent chez les an-hédoniques, sujets inaccessibles à l'ennui. Six pour cent des enfants américains sont atteints du syndrome d'« hypo-attention-hyperactivité » : ils ne suivent pas en classe (hypo-attention) et sont en même temps agités (hyperactivité). Ils arrivent à « casser » une classe. Ils sont calmés avec des amphétamines et risquent de devenir toxicomanes. Cette pathologie n'est pas uniquement d'origine génétique. Elle est induite par les conditions d'éducation de ces enfants.

À l'opposé, d'autres enfants sont guettés par l'« émoussement affectif », qui tient à un dysfonctionnement des systèmes dopaminergiques et à une psychogenèse restant à connaître. Les sujets aréactifs ont des affects très émoussés et, notamment, une relation au temps perturbée. L'appréciation du temps est sensible au niveau d'activation de certaines structures du cortex préfrontal et à ses dysfonctionnements. Le grand vieillard, par exemple, ne voit plus le temps passer. Un émoussement affectif dû au tarissement du flot de dopamine dans son cerveau fait qu'il n'a plus la capacité de s'ennuyer. On ne meurt pas d'ennui, mais on meurt de ne plus s'ennuyer ; la perte de l'ennui est l'antichambre de la mort.

Que peut-on faire pour éviter que la dopamine manque dans la classe, que les enfants s'ennuient et deviennent agités ? Les classes où l'on s'ennuie reflètent ce qui se passe à l'extérieur : les élèves arrivent à l'école avec leur ennui et la classe met tout en place pour que celui-ci s'épanouisse dans la cage offerte aux jeunes élèves.

Les médias stigmatisent le rôle du professeur : on s'ennuie parce que les professeurs sont « mauvais », qu'ils ne sont pas capables de susciter la curiosité chez leurs élèves. Le couple maître/élève forme un corps unique. Quand les élèves s'ennuient, le maître finit par s'ennuyer lui aussi : rien n'est pire que de parler à un public qui s'ennuie ! Et quand un professeur s'ennuie, il devient « mauvais ». La lutte contre l'ennui doit donc s'adresser aussi bien à l'élève qu'au professeur et passer par la formation des maîtres. Il faut apprendre aux futurs maîtres l'art de la diversité, remède contre l'ennui : proposer des parcours de découverte ouvrant la classe sur le monde et introduisant des objets extérieurs à elle. Que l'enseignement s'ouvre et se diversifie : c'est ce que les programmes devraient essayer de faire !

« L'autre » fait partie de ces objets de curiosité pouvant aider à réagir contre l'ennui. La notion de culture partagée est importante. Les enfants qui s'ennuient perdent le sens de « l'autre », aussi bien par leur violence comportementale que par la perte de leur propre individualité, notamment lorsqu'ils se réfugient au sein de bandes. Les bandes sont des « grumeaux » d'individus. La classe où se construisent des bandes est un rassemblement dans lequel les individus se sont perdus de vue et où ils sont perdus l'un pour l'autre, tout comme une sauce qui forme des grumeaux perd sa consistance liée et agréable. Ils luttent contre l'ennui en perdant leur individualité et en formant un corps artificiel qui se manifeste dans la violence. Le partage du savoir permet de retrouver « l'autre ». Une classe qui travaille, s'intéresse, est une classe dans laquelle il y a confrontation avec le savoir de « l'autre ».

Les parcours de découverte, l'ouverture de la classe sur la vie professionnelle et sur le monde devraient provoquer cette resocialisation de la classe et ce retour à l'individu, qui n'est possible que dans la mesure où les élèves existent l'un pour l'autre.

François Roustang

Reconduire l'ennui à sa source

François Roustang : philosophe et psychanalyste, il fonde ses psychothérapies sur l'hypnose. Ses livres s'interrogent sur le sens et l'effet des thérapies. Dans *La Fin de la plainte* (Odile Jacob, 2000), il insiste sur la nécessité de sortir de l'enfermement sur soi, de retrouver la réalité de l'existence pour l'investir et la transformer.

Qu'est-ce que l'ennui ? Dans les dictionnaires, ce mot a plusieurs sens : une tristesse profonde, un tourment, une impression de vide, une mélancolie vague. L'ennui serait du côté des sentiments négatifs. Mais le terme de sentiment ne convient pas : la tristesse est en correspondance avec quelque chose qui nous contrarie et n'est pas de notre fait ; la lassitude est causée par le désœuvrement, la mélancolie par un manque. Nous nous ennuyons, mais à distance de nous se trouvent des gens, des livres ou des films ennuyeux, une atmo-

> **PAROLES DE MISTIGRI SOUS LA PLUME DE BALZAC**
>
> **« L'ennui naquit un jour de l'université. Cette précieuse invention, il n'y a pas de doute que l'université a su déjà et saura encore la faire fleurir et fructifier. »**

sphère ennuyeuse. L'ennui est plutôt une forme particulière de ces relations que nous entretenons avec nous-mêmes, avec notre corps et, par notre corps, avec l'environnement. Ce rapport entre nous et notre monde est de l'ordre de l'humeur. L'ennui serait donc une disposition passagère. Ce qu'évoque ce substantif relève de la subjectivité tout autant que de l'objectivité. Nous disons que nous sommes bien ou mal disposés, que nous sommes dans de bonnes ou mauvaises dispositions. Mais nous disons aussi que, dans une pièce, la disposition des ornements est heureuse : dans notre langue, les choses n'ont pas d'humeurs, mais elles sont soumises à des dispositions.

Dans l'ennui, le temps s'allonge et l'espace se vide

L'ennui concerne le temps. Lorsque nous nous ennuyons, nous trouvons le temps long. Il devient lâche, s'étend, nous sommes incapables d'en voir le bout, de faire autre chose que d'attendre, et l'impatience nous gagne. Nous perdons la possibilité d'une attention à quelque chose qui nous délivrerait de l'impératif du temps. Regardant notre montre toutes les cinq minutes, nous sommes morcelés comme le temps qui nous fait défaut : son fil se casse et perd son unité. Victimes du temps, nous ne pouvons plus le tuer par des occupations quelconques.

Le mot ennui viendrait du bas latin *inodiare* ; « *me in odio est* » signifie : « cela m'est odieux ». Le temps qui ennuie est notre ennemi, un ennemi qui se dérobe et pourtant nous fait mal, car nous ne pouvons en sortir et l'oublier.

Mais l'ennui donne consistance au temps, car il faut bien s'ennuyer pour s'apercevoir que le temps n'est pas celui de l'horloge. Il est celui de notre disposition et de la disposition de notre monde. À l'inverse, cet ennui qui donne figure au temps nous interdit de le maîtriser. Nous avons hâte de reprendre une activité qui nous absorbe, pour que le temps persécuteur disparaisse et retourne dans la cage de la montre.

L'ennui nous oblige aussi à prendre un contact singulier avec l'espace. Le professeur nous ennuyait : nous étions déjà dans la cour de récréation. Nous nous ennuyons au travail : impossible de nous en aller ! Nous n'en sommes pas moins déjà dans le métro ou dans notre cuisine. À l'inverse du temps qui s'allonge, dans l'ennui, l'espace se rétrécit. Nous y sommes à l'étroit, incapables de nous mouvoir à notre guise. Il ne nous reste alors qu'à nous envoler vers d'autres lieux et à faire semblant d'être là.

L'espace devient, lui aussi, notre ennemi. Il nous emprisonne et nous divise. Loin d'affronter l'ennui et de repousser les murs de sa prison, nous préférons lui tourner le dos et nous enfuir. Nous sommes mal disposés à l'égard de l'environnement. Nous n'y avons plus nos repères. L'espace nous fait peur, car ce n'est pas seulement lui que nous avons vidé de son contenu ; le vide s'est répandu jusqu'à nous. La disposition passagère de l'ennui est toujours réciproque. Ce que le monde est pour nous est devenu ce que nous sommes pour le monde : une vacance. Il nous faut donc remplir l'espace d'occupations. N'importe quoi fera l'affaire : des jeux électroniques ou le sommeil et, pourquoi pas, le travail acharné. Surtout ne pas laisser le vide s'installer !

En évitant que le temps s'allonge et que l'espace se vide, que sommes-nous en train de fuir ? À quoi est-il devenu impératif d'échapper ? À notre condition d'êtres humains ! Êtres pensants, nous oublions que nous sommes aussi des vivants : nous sommes nés, nous grandissons et mourrons dans un moment et dans un lieu ; nous sommes liés au monde par le temps et l'espace.

Le temps et l'espace ne sauraient demeurer nos ennemis sans que se perdent les fondements de notre existence. Il faut sinon les reconquérir, car ils resteront toujours nos maîtres, du moins les affronter, devenir leurs familiers, nous en faire des amis.

Reconquérir l'espace et le temps

Pressé de se rendre chez un vieillard, proche de la mort, pour la cérémonie du thé, un jeune samouraï bouscule un samouraï chevronné qui lui demande raison et le contraint à se battre. Le jeune homme s'excuse et promet de revenir, mais pas sans avoir rendu hommage au malade. Marché conclu. Tout en servant le thé, le jeune homme raconte son histoire. Le vieillard l'invite à se rendre au lieu dit et à attendre sa mort certaine, l'épée à la main, sans bouger.

De retour sur le lieu du combat, le jeune homme s'immobilise et, les yeux fermés, se tient dans cette position, attendant le coup fatal. Quelques heures plus tard, il ouvre les yeux : une foule s'est assemblée autour de lui. En le voyant ainsi concentré et tranquille, son adversaire a pris peur et s'en est allé.

Le jeune samouraï ne s'ennuie pas comme un garçon désœuvré dans une cage d'escalier sordide. Il n'a pas recours à la drogue pour mettre un terme à la tristesse des jours. Nul ne peut l'accuser de divertissement. La littérature ou la poésie ne lui fournissent pas le moyen d'exaucer son « spleen ». Il est entré dans le temps et dans l'espace ; il a raccourci le temps et rempli l'espace.

Pour que le temps cesse d'être nocif, il faut s'y glisser doucement, le parcourir contre notre fuite, se mettre à son rythme et, peu à peu, le rassembler, le réduire à l'instant où nous le possédons tout entier parce que nous sommes dépossédés de tout. Le temps s'allonge : nous nous installons en lui vers l'avant et l'arrière, nous occupons tout le passé et le futur, ce qui ne changera plus, mais également ce qui peut advenir. Nous retrouvons l'énergie première, la source du temps, le commencement : nous sommes à la naissance.

L'espace est aussi notre ennemi. Mais il ne fait peur que si nous nous enfermons dans notre pré carré. Si nous habitons l'espace, il n'y a plus rien à craindre. Il faut remplir l'espace du corps en y perdant sa pensée ! Nous sommes alors tournés vers notre monde et la somme des relations dont il est tissé. Libérés de nos pensées et de nos sentiments, nous pouvons entrer en action.

Le samouraï ne déplore pas son sort. Il est prêt à l'événement. Sa mort est certaine : nul besoin de s'en préoccuper. Son corps, sa force et sa passion sont orientés vers ce qui l'attend. Nulle passivité dans sa présence : il fait front avec toute l'intensité dont il est capable. Il aurait été un rien dans un désert s'il avait voulu se protéger. Au lieu de se recroqueviller sur son espace de crainte, il est sorti de la prison de son propre souci. La présence survient d'elle-même à l'instant où elle est habitée. Elle est déjà dans l'espace qu'elle remplit. Elle donne alors à craindre, car elle se situe au maximum de sa puissance, c'est-à-dire de sa souplesse et de son efficacité.

Si, par la relation qu'il entretient avec le temps et l'espace, l'ennui nous fait éprouver quelque chose d'essentiel à notre condition, il nous faut préserver le plus précieux de cette expérience et cependant en atténuer la peine. Si le temps et l'espace revêtent inévitablement les couleurs de l'ennui, pourquoi ne pas nous rendre aveugles et sourds à leur égard ? Pour nous garder du temps et de l'espace, notre culture ne nous propose d'autres voies que celles du travail et du loisir. Si nous ne pouvons tuer le temps, il nous restera à nous tuer de travail. Si nous sommes à l'étroit dans un espace qui s'est vidé, nous irons mimer les grands espaces dans un loisir plus vide encore.

Dans notre Occident, il existe un lieu où se fait l'apprentissage de la condition humaine : c'est l'école pour tous. Mais que dispense l'école ? Du savoir. Le savoir suffit-il pour que chacun respecte et développe sa condition d'être humain ? Cela supposerait que le savoir soit indissociable de la vertu. Donnez des cours d'éducation civique, et vous produirez des citoyens. Si le procédé échoue, doublez ou triplez les cours d'éducation civique. Mais le couple savoir/vertu fonctionne de plus en plus mal dans une culture où s'évanouissent les savoir-faire, où la technique, dont plus personne n'a la maîtrise, prend le pas sur la science. Elle prétend même envahir le champ du langage, faire aboutir l'enseignement de la philosophie à des réponses en QCM ou l'analyse littéraire à des listes de mots. La question controversée du rapport entre savoir et vertu ne se posera bientôt plus, car le savoir qui interroge et qui doute aura disparu. Toutes les réponses seront données dans des catalogues établis d'avance par les maîtres.

C'est donc sur une autre base qu'il faut reprendre la question posée par l'ennui, celle du rapport au temps et à l'espace considérés comme des « fondamentaux » de la condition humaine. Quelles pratiques nous permettent de faire l'expérience de l'humain et de nous décharger du fardeau lié à l'ennui ?

Des exercices pratiques

J'oserais proposer des exercices, ceux de la présence, de l'attente, de la patience et de la puissance. Ils s'adressent aux maîtres, car le problème de l'ennui à l'école ne peut se résoudre que par leur intermédiaire.

La qualité de présence est réputée naturelle. Mais Gabin ne passait-il pas des journées dans les vêtements qu'il revêtait ensuite devant les caméras ? Des réalisateurs ne font-ils pas reprendre dix fois la même scène pour que la fatigue des acteurs fissure toute préoccupation de soi, et que le naturel ne fasse plus qu'un avec l'artifice ? Même les plus grands s'exercent à la présence ! Pourquoi les maîtres n'admettraient-ils pas qu'elle s'apprend et se développe ? Ils découvriraient là un remède efficace à leur crainte.

Être présent est un mélange de concentration et d'oubli. S'exercer à la présence consiste à être dans le temps et l'espace donnés, ici, dans l'instant : ne se permettre aucune distraction, aucune fuite ; porter son attention à son propre corps et à l'environnement sans rien en exclure ; vérifier que nulle angoisse ne fait obstacle ; mettre dans le champ de sa tâche chaque partie de son corps, chaque souffle pour, à la fin, tout confier à l'oubli : l'attention s'est tournée vers l'extérieur, vers la parole et le geste entrepris ou à entreprendre.

L'attente se lie à la patience : elle devrait ne se poser aucune question sur le « quand » et le « comment » de sa fin.

La patience est sensible à l'altération des nuances de l'espace et du temps. Elle n'est patience que comme tension vers le bord de l'impatience. Elle s'exerce à percevoir les moindres signes marquant la situation en train de se modifier, à n'en manquer aucun sous peine de ne pas être prête au moment opportun. Elle transforme l'attention affolée de l'ennui en hypervigilance ; elle est acuité de l'éveil. Elle sort de l'ennui instable pour accéder au calme.

L'ennui est alors reconduit à sa source, au cœur de l'instant et du lieu de la possibilité. Il devient force d'agir, indépendante de ses buts et de ses réalisations. Il donne accès à la puissance prête à tout et à rien en particulier. La déperdition d'énergie propre à l'ennui s'est retournée en une concentration redoutable.

« Patience, patience, patience dans l'azur, chaque atome de silence est la chance d'un fruit mûr. »

À l'instar du samouraï, le jeune maître pourra se présenter dans son propre silence, imposer silence et laisser venir pour lui-même et pour ses auditeurs la parole inventive.

VÉRONIQUE NAHOUM-GRAPPE

L'ennui à l'adolescence

VÉRONIQUE NAHOUM-GRAPPE : ingénieur de recherche à l'EHESS en anthropologie des mondes contemporains, elle travaille sur les conduites d'excès et la culture de la jeunesse. Auteur de *L'Ennui ordinaire* (Austral, 1995), elle rédige un rapport sur les violences pour la Protection judiciaire de la jeunesse.

Dans la culture diffusée par les films et les chansons, l'ennui représente une menace sourde et évidente, planant sur toute aventure humaine. L'ennui conjugal menace d'érosion l'amour passion qui marquait l'intensité des premières rencontres. Une topique de l'intensité courte dessine une forme modélisée du rêve social, que la répétition use jusqu'à l'avachissement et que l'ennui emprisonne dans un carcan d'habitudes. La conscience même est atteinte par le vide. Au dehors monocorde répond un dedans déserté.

L'ennui produit alors sur la scène qu'il dévaste invisiblement une mécanique sociale distincte de son imagerie littéraire et de sa dimension psychologique : l'ennui comme fait social n'est pas l'ennui comme poème ni comme pose distinctive. Il n'est pas non plus seulement une mauvaise humeur, un état psychologique. Envisagée sous un angle ethnographique, la question de l'ennui à l'école oblige le chercheur à dépasser les usages multiples de cette notion pour porter la réflexion sur un des aspects du réel social, au moment où il n'est plus occupé que par du vide. À l'adulte qui leur demandait : « Mais qu'est-ce qu'il y a ? », deux jeunes affalés répondaient, l'air sinistre : « Rien, c'est ça le problème. »

L'ennui comme épreuve de la jeunesse

L'impatience du corps juvénile, quand il claque une porte, quand il jette ses habits au lieu de les ranger, quand il dévale l'escalier comme un cheval emporté au lieu de le descendre tranquillement, est une figure inversée de l'ennui. Marcher calmement, baisser la « sono » et autres conduites « en bémol » dessinent la menace d'un ennui typique de la vieillesse.

L'institution scolaire est en total déphasage avec la culture « excitée » dont la société enveloppe le corps des jeunes. Le jeune enfermé dans un cadre, tenu au ralentissement, au bémol et à la répétition, à l'obligation d'être là, dans l'enfermement scolaire, est menacé par toutes les formes d'ennui. La vie scolaire lui demande un renoncement à ce que sa culture non scolaire lui dicte, et son ennui n'est pas seulement un signe de la lutte entre ses passions en ébullition et sa raison à asseoir, mais un signe de conflit de valeurs.

Plus physique qu'intellectuel, l'ennui à l'école naît donc de l'écart entre des espaces sociaux où règnent des cultures différentes. La jeunesse ne ressemble pas forcément aux images que la société produit, mais le « style jeune » tel qu'il est représenté constitue un modèle identitaire prégnant. Les enfants qui vont mal sont soit amorphes et absents, soit hyperactifs, remuants et bientôt incivils. La menace de l'ennui est d'autant plus difficile à surmonter pour certains qu'ils sont plus démunis face aux images d'eux-mêmes – mauvais garçons censés vivre intensément – que la société « se paye sur leur peau », si on peut dire.

« C'EST NUL »

Être là et avoir le sentiment que c'est comme si on n'y était pas est une troublante expérience adolescente. L'ennui a à voir avec la contingence de tout et de soi-même au milieu de ce tout. La mécanique de l'ennui s'enclenche lorsque le décalage entre soi, les proches, le monde, et enfin la vie, s'accentue. Le « tout m'est égal » désigne un point de déliaison maximal. Alors l'ennuyé se traîne, l'œil mauvais, et trouve tout « nul ». L'impatience du corps juvénile se retourne en son inverse pour produire une masse affalée devant des écrans.

Au sein de l'institution scolaire, l'ennui interroge aussi le rapport de l'élève au temps et au monde : un temps presque spatial, immense et à venir. S'ennuyer, pour un jeune, est un risque de perdition bien plus intime et profond que pour un adulte, même s'il est souvent moins tragique : quand l'adulte s'ennuie, c'est à la réalité que cette épreuve de négativité se confronte. Chez un jeune, l'ennui menace ce qui n'existe pas encore, une identité non construite. Lorsqu'un parent pense qu'il suffit de changer la réalité, l'espace vide de l'adolescent, de le remplir d'activités et de divertissements pour tuer l'ennui, c'est une solution d'adulte : parfois, l'ennui éprouvé par le jeune a tout démoli en lui, à bas bruit et à l'insu de lui-même. Tout, c'est-à-dire son rapport au temps, au monde, à la vie et à lui-même. L'ennui peut détruire l'espace intérieur.

L'ennui comme signe du faux

Il n'est pas besoin d'une longue étude pour mettre en évidence la fréquence des expressions « c'est nul » ou « c'est chiant » dans les propos d'adolescents. Elles appartiennent au langage ordinaire des cours d'école et de lycée. Tout est susceptible d'être jugé « nul ». Retournée, cette prise de position peut apparaître sous des aspects positifs : si tout est finalement déclaré nul, c'est qu'on pouvait s'attendre, au regard de son propre génie, à ce que cela ne le soit pas ; dans une fête, celui qui dit : « C'est nul » est au bout du compte plus élégant que le bêta qui s'amuse en transpirant au milieu de la piste.

Celui qui s'en prend à la « nullité » qui « fait chier » s'ennuie avec une espèce de rage. Il s'en prend à la vie fausse, ratée, la non-vie, ce qui reste quand l'adulte a troqué son désir de liberté contre une sécurité affective et sociale qu'une certaine culture de la jeunesse récuse.

L'ennui de la jeunesse rejoint ici l'ennui produit par le politique. Quand Moravia écrivait : « Le fascisme produit de l'ennui », à quoi pensait-il ? Dans un espace totalitaire, règne une langue de bois que chacun reconnaît comme fausse : elle suinte l'ennui. Les formes de vies sans perspectives ni possibilités d'action, de pensée, de création, de parole un tant soit peu libres distillent, en plus et à côté de la terreur, un ennui terrible, comme dans tout lieu clos où plus rien ne peut se passer, où le temps ne passe plus.

À l'école, l'ennui peut être déjoué par l'irruption d'un cours passionnant ou même d'un simple sourire : on ne pourra jamais faire l'histoire des professeurs qui ont sauvé des élèves au bord du gouffre intérieur avec une blague, une pensée forte, une information stimulante. Pour l'enseignant aussi, lutter contre son propre ennui est une démarche de liberté, pour lui et toute sa classe… C'est pourquoi poser la question de l'ennui, quel qu'en soit le contexte institutionnel, prend toujours une valeur libertaire.

Deuxième partie

Mythes et réalités

ALAIN VAILLANT

L'ennui à l'école au XIXe siècle :

l'écrivain ou le sublime potache

ALAIN VAILLANT : professeur de littérature française, directeur du Centre d'études romantiques et dix-neuviémistes (Montpellier III), il est l'auteur de *L'Amour-Fiction. Discours amoureux et poétique du roman moderne* (Presses universitaires de Vincennes, 2002).

On a beau dire que l'ennui est le meilleur de l'enseignement, il est l'inquiétude secrète de tout pédagogue. Sur cette question, la littérature et les écrivains du XIXe siècle ont beaucoup à nous apprendre.

LITTÉRATURE ET ENSEIGNEMENT AU XIXe SIÈCLE

La littérature est doublement impliquée dans les processus de transmission des savoirs : d'abord parce qu'elle sert à l'apprentissage du maniement de la langue ; ensuite parce qu'elle est la partie de notre patrimoine la plus religieusement entretenue par la mémoire collective. Au XIXe siècle, elle est l'objet principal d'enseignement.

Pourtant, la littérature puise ses ressources dans l'imagination, les émotions, dans ce que chacun a de plus intime et de plus inconscient. Ce cœur vivant de la littérature échappe à la logique pédagogique. Malgré la bonne volonté des pédagogues, elle est presque contrainte à paraître ennuyeuse.

Les révolutions littéraires les plus spectaculaires du XIXe siècle ont été, avant tout, des révolutions de potaches. Voilà pourquoi les professeurs de français aiment tellement les expliquer : ils y reconnaissent leur forme d'esprit.

Du fait de cette ambivalence, le problème de l'enseignement des lettres est un sujet de crispation dans les débats qui accompagnent les projets de réforme des programmes depuis le XIXe siècle.

Tout le siècle – et pas seulement la période de Jules Ferry – est traversé par la passion de l'instruction. Les grandes utopies font une place centrale à l'utopie pédagogique. La France est poussée par le puissant élan de formation et d'amélioration de l'individu issu de la philosophie des Lumières. Brutalement, la Révolution a reporté sur l'État une mission d'éducation qui était, sous l'Ancien Régime, un monopole d'Église. Il a fallu concevoir une doctrine, mais aussi reconstruire concrètement un système. Cela a pris un siècle et a abouti à cet âge d'or de l'instruction que fut la Troisième République.

L'institution scolaire joue, au XIXe siècle, un rôle social unique. Jusque-là, la majeure partie de la jeunesse n'avait pas accès à la scolarisation. Certains enfants des élites passaient par les collèges des jésuites, mais une grande part de l'éducation était assurée par le milieu social. Après la Révolution, la nouvelle bourgeoisie, issue des rangs les plus aisés de la paysannerie, n'a plus la capacité ni le temps d'instruire et d'éduquer ses enfants, et elle délègue la totalité de cette mission à l'école. Les établissements d'enseignement tiennent lieu de famille et de société supplétives, d'autant que l'internat reste la règle. Une des raisons du trouble connu par l'Éducation nationale depuis les années 1960 a été de voir la société reprendre une partie des prérogatives éducatives déléguées à l'école sans pour autant décharger celle-ci des responsabilités qui leur étaient associées.

Les écrivains du XIXe siècle ont eu un rapport obsessionnel à l'école, à l'ennui qu'ils y ont éprouvé et aux frustrations qu'ils en ont retirées. Ils en ont nourri leurs œuvres. Un rapport existe entre l'ennui éprouvé dans l'enseignement et la littérature qui s'est inventée en ce siècle : l'ennui est créateur. Le futur écrivain concentre deux types d'ennuis : l'ennui du surdoué et l'ennui du cancre, l'ennui de celui qui, dans le cadre de la classe, ne trouve pas assez d'aliments pour son énergie intellectuelle et, au contraire, l'ennui de celui qui se sent si peu concerné qu'il ne peut se laisser prendre par le jeu de la curiosité scolaire. Le futur écrivain est, sinon un surdoué, du moins presque toujours un bon élève, qu'impatientent la routine répétitive et la mécanique peu exaltante de l'enseignement. Il témoigne d'une profonde

Charles Baudelaire (12 ans), lettre à son frère Alphonse

« Qu'on s'ennuie au collège, surtout au collège de Lyon ! Les murs en sont si tristes, si crasseux et si humides, les classes si obscures. »

indifférence, presque d'un dégoût de l'école et des savoirs, qu'il manifeste en se plaçant du côté des chahuteurs. Flaubert et Baudelaire ont été renvoyés pour indiscipline de leur lycée et ont passé leur baccalauréat comme candidats libres.

Au XIXe siècle, l'écrivain atteint la célébrité très vite. C'est un jeune homme qui, après quelques années de pensionnat, est parvenu au baccalauréat au terme d'études essentiellement littéraires. Il se lance dans l'écriture avec comme préoccupations et certitudes celles qu'il a acquises au cours de ses années de lycée. Il projette dans ses œuvres les idées, les désirs de révolte nourris pendant sa scolarité.

La littérature du XIXe siècle et l'ennui scolaire

La littérature permet de discerner, comme en creux, l'école qui en a été la matrice, et ce plus particulièrement sur la question de l'ennui. Elle distingue trois causes d'ennui scolaire : la claustration, le fossé entre le professeur et ses élèves, et les programmes.

Les textes ressassent l'ennui lié à la claustration, à l'enfermement dans d'anciens bâtiments religieux, tristes, froids, incommodes, malodorants : ennuyeux par nature et par destination.

Jules Vallès, *L'Enfant*

« Le collège moisit, sue l'ennui et pue l'encre ; ces gens qui entrent, ceux qui sortent, éteignent leur regard, leur voix, leurs pas, pour ne pas blesser la discipline, troubler le silence, déranger l'étude. Quelle odeur de vieux ! »

Cet ennui affiché apparaît comme noble et honnête. Le collège n'est pas ennuyeux par inadvertance. Il est fait pour l'ennui, et celui qui entre dans ce lieu à l'architecture désuète sait qu'il va s'y ennuyer et s'y couper du monde.

VICTOR HUGO CONSPUANT LES « PÉDAGOGUES TRISTES »

« Eunuques, tourmenteurs, crétins, soyez maudits !
Car vous êtes les vieux, les noirs, les engourdis,
Car vous êtes l'hiver ; car vous êtes, ô cruches !
L'ours qui va dans les bois cherchant un arbre à ruches,
L'ombre, le plomb, la mort, la tombe, le néant ! »

La deuxième cause d'ennui est liée au fossé qui sépare le professeur et ses élèves. Au XIXe siècle, le corps des professeurs comprend le même nombre de passionnés, d'aigris, de pédagogues inspirés ou routiniers qu'aujourd'hui. Mais ils sont pour la plupart les successeurs des clercs d'avant 1789, englués dans les catégories de la vieille scolastique, incapables d'obtenir la considération et l'attention de leurs élèves, de trouver le langage qui puisse les toucher.

L'élève considère que son professeur est déconnecté de son époque. La parole de l'enseignant ennuie parce qu'elle est d'avance disqualifiée. Mais il ne lui suffit pas de se faire l'écho de la culture et de la sensibilité ambiantes : l'institution scolaire aura beau viser à être aussi vivante que le monde extérieur, il demeurera toujours un écart qui la rendra plus ennuyeuse que lui.

Au XIXe siècle, l'enseignement apparaît comme « vieux » et « fossilisé ». Ensuite, l'école de la Troisième République réussit à assimiler l'instruction à la jeunesse, au dynamisme et à l'ambition sociale. Cette période est révolue : il faut de nouveau accepter d'ennuyer la jeunesse avec le savoir scolaire redevenu, quoi qu'on fasse, un peu vieilli et poussiéreux. Le contexte historique détermine le rapport à l'enseignement.

Lettre du jeune Flaubert à son camarade Ernest Chevalier

« Si je t'écris maintenant, mon cher Ernest, ne mets pas cela sur le compte de l'amitié, mais plutôt sur celui de l'ennui. Me voilà chié en classe à 6 heures du matin ne sachant que faire et ayant devant moi l'agréable perspective de quatre heures pareilles [...] et je compose... en vers latins ! [...] Et avec tout cela, je m'ennuie, je m'emmerde. J'ai le cœur plus vide qu'une botte. Je ne puis lire ni écrire ni penser. [...] Merde pour l'homme aux études, les historiens, les philosophes, les savants, les commentateurs, les philologues, les vidangeurs, les mathématiciens, les critiques, etc. De tout ça, j'en fais un paquet et je les jette aux latrines. Vivent les poètes, vivent ceux-là qui nous consolent dans les mauvais jours, qui nous caressent, qui nous embrasent. »

La troisième cause d'ennui se trouve dans les programmes. Les écrivains soulignent le manque d'intérêt, la stupidité, l'ennui des cours reçus, fondés sur l'apprentissage de la rhétorique et de ses figures au moyen d'exercices indéfiniment répétés de compositions en latin, à partir de l'imitation très peu inspirée des grands auteurs.

Le reproche essentiel adressé à l'instruction est de prétendre inculquer des connaissances certaines, de ramener la complexité du réel à des règles, de substituer à la richesse confuse du concret des vérités abstraites et schématiques, incapables de répondre au désir de comprendre, de s'enthousiasmer et de questionner de l'élève. La vraie pensée se trouverait dans la littérature, où il y a de l'énergie et de l'enthousiasme, et non dans les manuels ou à l'école. Au XIXe siècle, l'écrivain ne se pense pas d'abord comme un poète ou un romancier, mais comme un homme détenant un vrai savoir qu'il sait transmettre. Le grand écrivain est un écrivain-pédagogue qui pratique une véritable propédeutique par le livre.

En quoi cet enseignement par la littérature se distingue-t-il de l'« autre », du « vrai », et échappe-t-il à l'ennui ?

L'UTOPIE PÉDAGOGIQUE DE L'ÉCRIVAIN

Elle ne repose pas sur la certitude de savoirs acquis, mais sur la passion et la conviction. La qualité de son engagement intellectuel interdit l'ennui. Cet engagement est mis au service non d'une quelconque science, mais de l'émotion de la pensée, du plaisir à comprendre le réel. Le romantisme est avant tout la découverte enthousiaste de l'intelligence. La littérature instructive, dont rêvent Balzac, Hugo ou Flaubert, ne délivre pas un savoir figé. Littérature socratique, elle communique le bonheur de sentir son esprit au travail, tourné vers l'inconnu. Peu importe ce qu'on apprend, pourvu qu'on apprenne, comme le dit Flaubert dans *Bouvard et Pécuchet*, à ne plus supporter la bêtise. Ces visions d'écrivains idéalisent très probablement l'émotion qu'ils ont éprouvée en tant qu'élèves. Pour construire cette vision littéraire, ils ont besoin de caricaturer la réalité, collective et institutionnelle, d'où cette émotion procédait.

Cette passion de la pensée reste intellectuelle, aux antipodes du divertissement. Elle suppose l'adhésion intellectuelle du lecteur et se risque à prendre l'apparence de la littérature ennuyeuse. Révoltés contre la grisaille ennuyeuse de l'institution scolaire, les auteurs romantiques ont été à leur tour accusés de produire une littérature bavarde, raisonneuse. Dans sa préface du *Curé de village*, Balzac proteste : son éditeur l'a contraint à couper les développements les plus instructifs, « où de graves questions de morale, de politique, de philosophie et de religion l'emportent en étendue sur la partie purement romanesque ».

On croirait entendre les protestations des professeurs d'aujourd'hui. La situation est, en effet, comparable. Les écrivains romantiques sont partis en guerre contre l'institution scolaire parce qu'elle tuait la pensée vivante. Ils ont joué le livre et le public contre l'institution. Ils ont encouragé une culture ouverte sur la modernité, qui a développé le journal, la fiction, le spectacle. Jusqu'au moment où cette culture d'imagination et de divertissement a paru mettre en péril leur romantisme intellectuel, en assimilant à l'ennui toute application sérieuse de l'esprit ! Les écrivains ont alors dû combattre sur deux fronts, celui de la culture « scolastique » – terme hugolien – et celui de la culture devenue aujourd'hui « médiatique ». Les clichés à la mode sont, tout autant que la doctrine du professeur, de faux savoirs qui ennuient le véritable écrivain ou le véritable pédagogue.

Ce que les écrivains romantiques pensent de l'ennui

Par nature, toute institution sécrète l'ennui en mécanisant ses procédures et en devenant indifférente à la diversité du réel. Il n'y a pas de sens à vouloir supprimer l'ennui : donnée inévitable du système social, il est à l'école ce qu'est la pesanteur à la nature terrestre, indispensable à la mise en mouvement de la pensée, tout comme la pesanteur est nécessaire à l'homme pour lui faire éprouver le besoin de s'y arracher par la maîtrise de son corps et de son espace.

On ne peut rien faire contre cet ennui. Pourtant, note Baudelaire dans ses *Journaux intimes*, « il y a des moments de l'existence où le temps et l'étendue sont plus profonds, et le sentiment de l'existence immensément augmenté ». Il pense à la création littéraire. Mais cette image peut être transposée dans la sphère pédagogique : l'ennui est bien l'air que respire l'élève, mais il existe des moments privilégiés – éphémères, fragiles et précaires –, où il laisse place à un état d'apesanteur intellectuelle. Ces moments requièrent pour la création l'invention poétique et pour la pédagogie une certaine forme d'intelligence.

Contre l'ennui : l'intelligence pédagogique

Cette intelligence implique, pour l'enseignant, l'intelligence de son sujet. Les débats pédagogiques portent le plus souvent sur la transmission des savoirs, comme si la pertinence et l'intérêt du savoir proposé par le maître étaient acquis. Tout pédagogue doit accepter de se confronter à lui-même avant de se présenter devant sa classe : quelle conviction, quelle passion va-t-il partager ? L'essentiel est l'acte pédagogique, la pratique concrète de chaque professeur face à sa classe, dont l'histoire ne garde pas la trace.

Elle suppose également la bonne intelligence entre l'élève et le professeur, entre l'élève et l'institution. La crise de cette intelligence dissout le lien scolaire et inquiète légitimement. C'est un problème de civilisation.

Ce qui est en jeu, c'est le rapport que nous entretenons avec le travail de la pensée et le rapport entre notre culture et ce travail de la pensée. C'est un problème de civilisation et, ensuite, un problème politique au meilleur sens du terme.

MARIE-NOËLLE AUDIGIER

Le défi des manuels : rendre le programme attrayant

MARIE-NOËLLE AUDIGIER : professeur de mathématiques, elle a mené des recherches sur l'enseignement des mathématiques à l'école primaire au sein de l'Institut national de recherche pédagogique. Directrice générale des éditions Hatier, elle est à l'origine des ERMEL, ouvrages de formation des instituteurs.

Parmi tous les outils qu'utilisent les enseignants et les élèves, voire les parents, les manuels occupent une place centrale. Quand on pense à l'école, on pense tout d'abord au maître, au tableau noir et au manuel scolaire. Ce dernier est l'un des objets phares de l'école : il est en effet le seul objet visible qui va de l'école à la maison, celui qui dans chaque discipline montre aux parents ce qui va être enseigné à leurs enfants, celui qui symbolise le changement de classe en début d'année.

Objet symbole de l'école, il est naturel de s'interroger sur sa place et sa responsabilité dans l'ennui des élèves.

Il n'est pas surprenant de retrouver dans les manuels les mêmes sources d'ennui qu'à l'école : les mêmes contenus y sont présentés de la même façon qu'en classe, puisque ce sont les mêmes professeurs qui les rédigent. Les auteurs sont en effet des enseignants de la classe concernée qui imaginent une démarche, la testent auprès de leurs élèves, la comparent à d'autres méthodes, bref font ce que fait tout professeur quand il prépare son cours. D'une certaine façon, les manuels sont le reflet du fonctionnement de différentes pratiques de classe.

Quand les enseignants font le choix d'un manuel, souvent seuls à l'école primaire, en général collectivement au collège ou au lycée, c'est en référence à leurs options didactiques et à leurs conceptions pédagogiques. Mais, alors que sa rédaction s'appuie sur des choix professionnels fondamentaux – le rôle de l'élève, la façon d'enseigner, la façon d'apprendre –, le manuel est souvent utilisé non pas dans sa cohérence globale, mais comme une source documentaire pour le professeur ou un recueil d'exercices pour l'élève. Ainsi, le même manuel peut être aussi bien l'outil d'un travail collectif mené en classe, la référence du travail personnel de l'élève ou encore un recueil de documents.

Un manuel se vend donc bien s'il est conforme au programme officiel, mais surtout à une certaine conception de la matière enseignée. A contrario, il se vend mal s'il prend à contre-pied les habitudes des enseignants en étant trop moderne, trop difficile, trop austère, trop... Outil d'accompagnement du travail scolaire, le manuel est soumis aux mêmes contradictions que l'ensemble du système scolaire.

Au-delà des choix pédagogiques ou didactiques qui fondent la rédaction des manuels, les enseignants ne sont pas insensibles au pouvoir attractif des manuels sur les élèves. Ils cherchent à y trouver un objet de motivation pour leur enseignement : le développement de l'iconographie, l'usage des couleurs, la brièveté relative de certains textes sont autant de réponses partielles à la démotivation scolaire d'un nombre croissant d'élèves, donc autant de critères de choix pris en compte par les enseignants.

L'histoire montre que depuis près d'un demi-siècle, le manuel, l'école et la classe ont connu des évolutions parallèles. Les manuels ont progressivement intégré l'importance accordée au plaisir d'apprendre : plaisir visuel exploitant la couleur, la maquette, l'iconographie. Ils ne peuvent aller plus loin, car ce plaisir est passif et donc incompatible avec le travail scolaire qui nécessite des efforts de mémorisation, de concentration. Travailler et apprendre, c'est accepter de rencontrer des difficultés et de faire des efforts pour les surpasser. Le plaisir est rarement immédiat. S'il existe, il est différé, et le manuel n'en est que l'instrument.

L'apprentissage par le jeu est un autre exemple de l'influence de l'évolution de la société sur les manuels. Les activités ludiques se sont multipliées. On peut rêver que les élèves apprennent en s'amusant, mais ce n'est qu'un rêve. Certes, on peut montrer des cas où des tout-petits ont appris en jouant, mais il s'agit d'apprentissages ponctuels et non programmés, incompatibles avec le principe même de l'école. Les manuels ont donc à concilier une certaine attente des enfants et la rigueur d'un véritable apprentissage.

D'autres contraintes sont venues de la création du collège unique au milieu des années 1970 : la massification et la démocratisation des lycées ont augmenté l'hétérogénéité des classes. Difficile à prendre en charge par les professeurs, cette hétérogénéité du public scolaire rend particulièrement délicate la mise au point des manuels : sur quelle culture peut-on s'appuyer dans le choix des documents proposés ? De quelle autonomie les élèves peuvent-ils faire preuve face à tel objectif ? Alors que le professeur peut adapter son discours dans la classe, le manuel, figé, doit pouvoir être utilisé par tous les élèves.

Enfin, la pédagogie active fondée sur la résolution de problèmes ou sur l'expérimentation a fortement influencé la conception des manuels dans la plupart des disciplines. En effet, l'importance nouvelle attachée à l'activité de l'élève est pour certains la condition absolue d'un apprentissage réel. Mais, sauf exception, le livre seul ne déclenche pas l'activité de l'élève, il ne peut se substituer au médiateur, au « passeur », au pédagogue qui organise le travail de l'élève, l'aide à prendre conscience des progrès réalisés et à structurer ses acquis.

Ainsi, depuis trente ans, les manuels suivent les évolutions internes au système éducatif et composent avec les évolutions de la société. Fondés sur les pratiques les plus courantes, « traductions » des programmes officiels, ils ne peuvent être considérés comme la cause de l'ennui scolaire : ils en sont tout au plus le reflet.

JACQUES BIROUSTE

L'ennui plutôt que la haine

JACQUES BIROUSTE : professeur de psychologie clinique et pathologique, directeur de la prospective à l'École nationale supérieure des arts et métiers, il encadre des recherches dans le cadre du Laboratoire des atteintes somatiques et identitaires de l'université de Paris X.

L'ennui est fils de la haine. Il n'est pas fortuit que notre mot « ennui » ait été construit à partir du latin *in odium*, qui signifie « dans la haine », *odium* lui-même étant à l'origine de notre « odieux ». L'ennui s'installe quand gagne l'angoisse d'être submergé par un affect violent, déclenché par la menace d'un intrus, voire d'un ennemi. On plonge dans l'ennui lorsque, tenaillé par la haine, on préfère supprimer l'affect haineux. Alors on « gomme » les moindres occasions de « vibrer » à la vie, de peur de ne pas contenir son agressivité. Incertain de sa capacité à civiliser son affectivité, on s'assure ainsi contre le risque de l'animalité.

L'école inhabitée

Une série d'enquêtes sur le vécu des élèves de lycée dans les séries scientifiques technologiques industrielle et tertiaire fait apparaître que ceux-ci ont pris l'habitude de dire qu'ils s'ennuyaient pendant le temps scolaire. Leur « vraie vie » (*sic*) est ailleurs et ils mettent en avant comment ils investissent des situations « vraies » en dehors du champ clos scolaire, vécu comme une situation artificielle. On s'y ennuie, on attend que ça passe. Pour autant, il serait faux de croire que les mêmes attendent « de l'animation ». Face au monde qui ne cesse de les solliciter, de les séduire et de les exciter, ils apprécient le havre que doit rester le milieu scolaire. Mais ils n'en font rien. Ce qui les choque le plus, c'est, disent-ils, que « les professeurs pas plus que nous ne sont vraiment là ». Alors, est-ce la lourdeur des programmes qui chasse les moments de rencontre réelle ? D'où vient qu'il soit devenu si difficile d'*être là*, tant pour les élèves que pour les enseignants ? Et pourquoi le havre de paix que devrait constituer l'école ou bien dérive vers l'idéologie du spectacle, ou bien devient terrain de rivalités violentes et de raptus haineux ou morne plaine ravagée par l'ennui ?

L'espace-temps indispensable pour apprendre

Il est probable que le déluge d'informations, la frénésie de communication et l'accélération du rythme de vie par quoi se caractérise notre époque empêchent l'école de jouer pleinement son rôle, en rendant impossibles deux grandes acquisitions qui ont besoin de temps : la construction de la pensée et celle du sentiment. Certes, l'institution scolaire n'a jamais été le lieu unique où se travaillent les apprentissages cognitifs et les émotions personnelles : la vie en famille et avec les camarades donne de nombreuses occasions de réfléchir et de se forger un caractère. Cependant, c'est en milieu scolaire, toujours quelque peu déconnecté des pressions du réel et décalé par rapport aux exigences sociales de la production immédiate, que les conditions du travail psychique sont les meilleures. Celui-ci a besoin de durée et d'un certain isolement. C'est un incubateur, pour assurer la double mutation éducative : de l'affect brutal vers le sentiment et des perceptions brutes vers la réflexion. C'est à l'école, dans le temps de l'étude, que se raffinent le passage de la violence vers la sociabilité et la conversion de la haine de survie en culture partagée. C'est à l'école aussi, dégagée des enjeux affectifs immédiats de la famille comme des relations de la communauté de vie où il y a immédiatement à « défendre sa place » contre les gêneurs, qu'on apprend à accepter la frustration pour espérer un gain ultérieur. L'acculturation est dilatoire. Être éduqué, c'est assimiler le renoncement aux victoires haineuses pour viser les avantages, plus pérennes et plus étendus, de situations d'échange construites à plusieurs.

L'ÉPREUVE DE LA PATIENCE

Ainsi, l'école est le lieu privilégié où s'exerce la patience, qui crée la psychologie de tout un chacun par la mutation de ses affects vers les capacités cognitives, d'une part, et vers le sentiment, d'autre part. En effet, attendre suscite la mentalisation. À l'inverse de l'instinct, qui pousse à la satisfaction immédiate en déchargeant les tensions du besoin, se représenter quelque chose, se faire une idée, l'exprimer par des images, transmettre des signes à autrui enrichit le formidable complexe de la vie intellectuelle de l'enfant. L'intelligence et la culture résultent de la transformation des stimuli perceptifs en imagerie mentale, avant d'être des réponses à des sollicitations pédagogiques. Les pédagogues doivent se méfier de l'agitation ou de la séduction, qui n'« éveillent » pas l'enfant. L'étude est l'épreuve de la patience, qui correspond au transfert de la brutalité instinctive vers l'esprit, éloigne de l'aliénation haineuse. Par ailleurs, l'éducation permet à l'enfant de quitter la réactivité spontanée (pensons aux impressionnantes colères du nourrisson) et d'accéder aux richesses d'une vie émotionnelle engagée dans la relation intersubjective. La palette sentimentale se nuance au fil des rencontres avec autrui, qui ne sont plus d'immédiates rivalités.

Le rôle des enseignants : passeurs vers la sublimation

Éduquer, c'est donc extraire l'enfant des réactions spontanées de la vie animale pour le conduire vers la vie de l'imaginaire et de la signification. Mais, si l'éducation passe par l'apprentissage scolaire de l'attente, pour accepter d'attendre et de viser plus loin et plus haut – autrement dit pour croire au gain de la sublimation –, l'enfant doit recevoir la preuve des bienfaits de la privation. Ici même, le corps des enseignants, ces adultes qui fréquentent l'école et que l'enfant et l'adolescent devraient rencontrer pleinement, joue un rôle considérable, ou devrait le jouer.

Le corps des enseignants, ces passeurs vers la sublimation, doit apporter aux élèves les marques de garantie pour sécuriser leur échange : renoncement à la haine et exercice de la patience contre satisfaction à sublimer et joies de la culture. C'est pourquoi les élèves attendent des enseignants qu'ils signifient, à travers leur manière d'être présents, comment ils ont eux-mêmes franchi le cap et continuent à en être satisfaits une fois devenus des adultes cultivés. Que l'enseignant fasse signe par la qualité de sa présence. Ce n'est que dans la relation au corps présent que peut s'engager la confiance de jeunes susceptibles de miser sur les idéaux cognitifs et sentimentaux. Or les élèves s'en plaignent, les enseignants aussi : le corps professoral a du mal à habiter l'école.

Comment s'étonner, alors, que les jeunes soient ballottés entre violence haineuse et, pour se protéger de ses angoissantes conséquences, passivité ennuyée ? Dans ces conditions, comment la confiance peut-elle naître ? Ne faut-il pas inciter le corps enseignant à montrer les preuves de son propre plaisir à sublimer ?

Les enquêtes menées en 2001 et 2002 permettent de comprendre comment un milieu d'études fournit l'occasion de relations au cours desquelles des adultes montrent aux jeunes la profondeur de leur engagement : leur joie à travailler et à dialoguer rend sensible leur sublimation ; rendue visible par le sérieux des tâches, sans ostentation racoleuse pour autant, elle fait naître le désir de ressembler à l'adulte.

Reconduire les aptitudes des élèves vers l'école

Les élèves se plaignent que trop peu d'enseignants mettent à profit le temps scolaire pour témoigner de leur propre goût pour les études. Du coup, mal renseignés, négligés quand ce n'est pas repoussés, ils regrettent de n'avoir jamais vraiment eu les clés du système, parce qu'ils n'ont pas encore « vraiment rencontré quelqu'un ». Pourtant, ces élèves savent qu'ils possèdent des aptitudes intellectuelles ou comportementales que certains groupes sociaux, ailleurs qu'à l'école, leur reconnaissent. Ils comptent sur leur intelligence pratique qui, pour la majorité d'entre eux, se traduit par une grande vivacité d'esprit et de la débrouillardise. Ils savent tirer parti d'informations partielles, aisément transposées pour résoudre un problème ou lever une difficulté. Manquent, par contre, la généralisation et l'abstraction utiles au maniement du raisonnement pur. C'est qu'ils n'ont pu – hélas ! – profiter de l'incubateur scolaire pour organiser leur fort potentiel et le tirer vers la connaissance générale. Ils sont barrés sur le chemin de l'intellect.

On sait aussi combien les situations de type stage, atelier, réalisation d'œuvre et de projet sont appréciées des élèves. Il est rare qu'on s'y ennuie, car on partage l'épreuve du réel, la mobilisation des sublimations et la sanction de l'expérience. La qualité de l'investissement de l'adulte est à leur portée et l'évaluation elle-même est appréciée, car elle donne lieu à un dialogue avec l'enseignant. Soudain considéré comme un *homo faber*, l'élève accepte les remarques, qui deviennent des témoignages sérieux jalonnant son parcours d'apprenti. Cet inhabituel retour d'image ranime une estime de soi jusque-là malmenée. La rencontre signifiante a lieu : l'enseignant « fait signe ».

Les jeunes n'attendent-ils pas davantage de l'apprentissage de méthodes que du cumul des acquis ? Ne cherchent-ils pas à mieux savoir interpréter les signes ? Leur ardeur à se faire valoir auprès des détecteurs de talents sportifs ou du star-system est révélatrice de leur souhait d'être enfin distingués. Ce sont les mêmes qui, apathiques et éteints au collège, princes de l'ennui, s'infligent soudain de grandes privations et une discipline draconienne dès que la Fortune leur a « offert leur chance ».

L'ennui n'est pas une affaire d'environnement. C'est la stratégie, dépressive, qu'adoptent, pour échapper à « la haine », des élèves auxquels manquent les modèles d'identification aux professeurs et les voies fiables pour accéder à un avenir prometteur. Le meilleur moyen d'en sortir est de favoriser le retour de la confiance dans les aptitudes intellectuelles et sentimentales : elles permettent de mener des études et donnent sa saveur à la vie.

François Flahault

Sentiment d'exister et rapport au savoir

François Flahault : directeur de recherches au CNRS, il a dirigé le numéro de *Communications* consacré à « L'idéal éducatif ». Il est l'auteur du *Sentiment d'exister* (Descartes & Cie, 2002), ouvrage dans lequel il tire les conséquences philosophiques des connaissances actuelles.

Il y a à l'école un ennui inévitable lié au travail et à l'effort. Mais, si la dose d'ennui devient trop forte, elle dégoûte de l'école, ce qui est évidemment contraire à la finalité de celle-ci et au bien des élèves. Je proposerai ici quelques réflexions sur une cause d'ennui si évidente qu'on ne s'y arrête généralement pas, alors que tous les élèves et les adultes qui se souviennent de leur vie d'écolier l'évoquent. Elle tient à un malentendu entre le monde de l'école et celui des enfants. On connaît le fameux triangle pédagogique qui symbolise les relations entre l'enseignant, les élèves et le savoir. Les enfants n'ont évidemment pas de théorie à lui opposer. Mais, s'ils en avaient une, ils pourraient lui donner le nom de « carré pédagogique ». Le quatrième terme qui compléterait les trois éléments déjà présents dans le triangle serait la « réalité », le monde qui entoure les enfants et dans lequel ils seront appelés à vivre. La différence fondamentale entre le triangle et le carré est celle-ci : le triangle postule que le savoir est une fin en soi, que les enfants cherchent ou doivent chercher à l'acquérir pour lui-même ; le carré récuse ce postulat et admet que le savoir est recherché pour autant qu'il entretient une relation significative avec le monde dans lequel on vit.

Chez les élèves, le rapport au savoir n'est généralement pas du même type que chez les professeurs, et cette disparité est l'une des causes majeures de l'ennui démotivant éprouvé par bon nombre d'élèves.

Il n'y a pas de pur rapport au savoir

Questionner l'idée que le savoir peut et doit être recherché pour lui-même, c'est d'abord pointer une fausse évidence qui veut que les activités de connaissance se développent dans le cerveau humain indépendamment des autres formes d'activité mentale, permettant ainsi à la pensée de contrôler les affects et de régir le comportement. Comme on le constate en lisant Antonio Damasio ou Jean-Didier Vincent, les recherches récentes en neurobiologie montrent que l'activité mentale dite rationnelle a besoin, pour fonctionner correctement, d'être soutenue et encadrée par d'autres activités du cerveau, qui maintiennent un équilibre vital entre l'organisme et l'environnement d'une part, entre la conscience et le milieu interne de l'organisme d'autre part. Les activités cognitives se développent sur la base d'une régulation de l'insertion vécue de l'individu dans son milieu matériel et humain, et elles-mêmes jouent un rôle dans cette insertion.

L'idée d'un pur rapport au savoir est également contestable au plan de l'anthropologie générale (ce point a déjà été abordé dans le numéro intitulé « L'idéal éducatif » de la revue *Communications*). Pour que l'activité de connaissance puisse transcender les liens d'existence et par conséquent s'exercer pour elle-même, il faudrait que nous soyons des sujets cartésiens. Il faudrait, autrement dit, que nous soyons des sujets dotés d'une absolue certitude d'eux-mêmes, de sorte que des questions telles que : comment exister ? comment être quelqu'un ? que faire de moi ? ne se poseraient plus à nous. Mais nous savons tous que ces questions se posent et que les réponses ne vont pas de soi. Surtout pour des adolescents. L'ennui expose ceux-ci au rien, c'est-à-dire à un comment exister ? qui reste sans réponse.

Admettre le fait qu'il n'y a pas de pur rapport au savoir, c'est-à-dire que le « sujet de la connaissance » est enchâssé dans le « sujet de l'existence », revient à reconnaître que l'instruction doit elle-même être enchâssée dans l'éducation – si l'on entend par éducation l'intériorisation de manières d'être favorables au développement de soi et des relations socialisées avec les autres.

Le désir ou le non-désir d'apprendre est lié à des enjeux de plus-être ou de moins-être

« Il y avait les batailleurs, raconte Mouloud Feraoun dans son autobiographie, *Le Fils du pauvre*. C'étaient les rois de l'école. Ils avaient notre admiration sans réserve. Il y avait, aussi, les joueurs acharnés, mauvaises têtes, bon pied bon œil, bruyants, insouciants et populaires. Et puis il y avait les paisibles et les peureux qui se confondaient forcément. À eux, il restait les plaisirs nobles de l'étude, les meilleures places, et d'autant plus nobles à leurs yeux que c'étaient les seules qu'ils pouvaient rechercher. Étant pacifique de naissance, je ne pouvais poser ma candidature ni à la première catégorie – celle des batailleurs –, ni à la seconde – celle des joueurs. Je devins donc bon élève. »

Mouloud Feraoun a bien compris que ses camarades et lui étaient soumis, avant tout, à la nécessité d'exister, et que se livrer à une activité de connaissance n'est pas désirable en soi, mais désirable seulement pour ceux qui, dans cette activité, trouvent une manière d'exister. Il reconnaît que, pour nombre de ses camarades, la recherche d'une affirmation de soi et d'un plus d'existence passait par d'autres manières d'être que celles du « bon élève ».

La curiosité, même chez le bon élève, ne relève pas d'un pur désir de savoir, elle implique toujours aussi une relation entre ce savoir et d'autres formes de désir dans lesquelles il est question de lui, de ses relations avec les autres (notamment le professeur) et de ce qui l'intéresse en dehors de l'école. Le bon élève n'échappe pas nécessairement à l'ennui, mais il le supporte. L'élève qui ne le supporte pas, c'est-à-dire qui ne parvient pas à se sentir exister en jouant le rôle que l'école attend de lui, risque fort de s'orienter vers des manières d'être transgressives, par exemple en défiant l'autorité pour se faire valoir aux yeux de ses camarades.

Être en classe, travailler, se soumettre aux règles du jeu et à un ordre de coexistence signifie que la jouissance de soi est soumise à conditions. La transgression, clandestine ou ouverte, permet de retrouver une forme d'existence inconditionnelle aussi intense, sinon davantage, que celle dont on jouit dans la cour de récréation. Il est évidemment très difficile pour les enfants (et les êtres humains en général) de renoncer à une forme d'expansion inconditionnelle de soi pour se plier à une manière d'exister conditionnelle. Aider les enfants à effectuer ce passage constitue un enjeu majeur de l'éducation. Mais on ne peut guère les y aider si on conçoit les enjeux de l'école uniquement en termes d'instruction et de savoir.

Les professeurs, de leur côté, entretiennent-ils un pur rapport au savoir ? Lorsque j'étais professeur de philo, j'étais enclin à croire que je m'intéressais à la philosophie pour elle-même ; puisque c'était là chez moi une attitude naturelle, elle devait également l'être pour mes élèves. J'ai mis longtemps à reconnaître ce fait pourtant évident que la philosophie n'était pas pour moi un pur objet de savoir, mais qu'elle était aussi l'assiette de ma vie professionnelle – que, par conséquent, elle soutenait mon existence sociale, la place que j'avais dans la société. Si le savoir me paraissait être pour moi une fin en soi, c'était aussi parce qu'il m'aidait à exister et qu'exister est une fin en soi.

Lutter contre l'ennui, c'est lutter contre la propension autoréférentielle du groupe auquel on appartient

Le fait que l'école se définisse par le « triangle pédagogique » (le savoir pour le savoir) n'est qu'une manifestation parmi d'autres de la propension de tous les groupes humains à constituer une réalité autoréférentielle. Tout discours partagé par les membres d'un groupe ou d'une corporation comporte en effet deux versants. Un versant *référentiel* : ce discours parle nécessairement de quelque chose, se réfère à des réalités qui existent en dehors de lui. Un versant *autoréférentiel* : ce discours est aussi une réalité en lui-même, un monde commun partagé par les membres du groupe, une « monnaie » qui leur permet d'échanger entre eux et d'exister les uns par rapport aux autres.

Ce discours doit donc être regardé par le groupe comme ayant valeur et réalité en lui-même, sinon il n'aurait pas le pouvoir de soutenir la valeur et la réalité des membres du groupe qui échangent entre eux dans la monnaie que constitue ce discours. Malheureusement, plus un discours fonctionne sur le mode autoréférentiel, plus il devient ennuyeux : le savoir pour le savoir finit par perdre de vue la véritable curiosité, qui implique une curiosité pour les réalités en elles-mêmes.

L'école demande aux élèves d'échanger dans la monnaie du savoir et il est évidemment souhaitable, dans leur propre intérêt, qu'ils y parviennent. Mais ce n'est pas en les confrontant à un savoir fermé sur lui-même qu'on les y aide. Contrairement aux enseignants, les enfants n'ont aucun investissement professionnel dans le savoir. Pour eux, le savoir a un sens en raison de l'éclairage qu'il apporte sur tel ou tel aspect du monde dans lequel ils vivent et en raison du rôle qu'il joue dans une relation vivante avec le professeur. Lorsque le professeur témoigne incidemment de son intérêt pour des réalités extrascolaires, lorsqu'il reconnaît aux élèves, à l'occasion, le droit de s'intéresser à autre chose qu'au monde de l'école, ceux-ci ont l'impression qu'une fenêtre s'ouvre et que c'est pour ainsi dire le droit de vivre qui leur est ainsi reconnu. Ces marques d'humanité que donne l'enseignant (à condition qu'il ne soit pas lui-même prisonnier de l'autoréférentialité vers laquelle le poussent sa formation antérieure et les sacro-saints concours) sont doublement profitables pour les élèves. En jetant un pont entre le savoir et le monde, les enseignants contribuent à donner sens à ce savoir. En permettant aux élèves de passer quelques bons moments avec un adulte, ils transmettent quelque chose du lien social, ce qui fait partie de la mission éducative de l'école.

Troisième partie

Du bon usage de l'ennui

François Dubet

Pourquoi les élèves supportent-ils mal l'ennui ?

François Dubet : professeur de sociologie à Bordeaux II et à l'EHESS, il prend l'école, le lycée, comme champ d'expérimentation privilégié de ses travaux fondés sur la sociologie de l'expérience. En 2002, il a publié *Le Déclin de l'institution* (Seuil).

Aujourd'hui comme hier, l'ennui reste distribué de manière aléatoire selon les cours, les heures de la journée et les enseignants qui, d'ailleurs, s'ennuient autant que leurs élèves, ceux-ci le percevant et s'ennuyant à leur tour. L'ennui fait partie de l'expérience scolaire normale, comme la pluie fait partie du climat. Pourtant, aujourd'hui, il est probable que les élèves et leurs enseignants supportent beaucoup moins l'ennui ; les uns et les autres le font savoir, et à l'ennui des élèves correspond la plainte des enseignants sur les difficultés et l'usure du métier.

Il ne faut pas opposer l'ennui à la distraction et au jeu : ce serait une manière d'évacuer a priori le problème sous prétexte que l'école ne saurait être un lieu d'amusement et de loisir. Il faut opposer l'ennui au travail scolaire, car ce travail ne résiste pas à une certaine dose d'ennui ; en effet, il implique un engagement subjectif de l'individu dans ses apprentissages, une mobilisation cognitive, parfois émotionnelle. Alors qu'on peut accomplir bien des activités en ayant la tête ailleurs, on ne peut apprendre sans engagement personnel. Aborder le thème de l'ennui n'est donc pas une nouvelle manière de « critiquer les profs » ni de faire l'apologie de la distraction et du « jeunisme », c'est une façon de s'interroger sur le sens des études tel que le construisent les élèves. Examinons quelques causes de cet ennui.

1. Pourquoi les élèves paraissent-ils ne plus supporter l'ennui avec le même fatalisme qu'autrefois ? D'abord, ce ne sont pas les mêmes élèves, le collège et le lycée accueillent des jeunes beaucoup moins disposés à croire aujourd'hui qu'hier, quand l'école n'avait pas à connaître ces élèves qui ne sont pas en connivence avec le monde scolaire.

2. Cependant, la faible tolérance à l'ennui procède sans doute d'une cause plus lourde. Il s'agit de la perte du monopole culturel de l'école en raison de la concurrence des médias. Longtemps, pour la majorité des élèves des classes moyennes et populaires, l'école a été le seul mode d'accès à une culture ouverte sur le monde, le seul moyen de se désenclaver et de grandir, c'est-à-dire d'accéder à un monde plus « grand ». Jusqu'au seuil des années 1960, tout enfant de paysan ou

d'ouvrier désireux de voir au-delà des barrières de sa famille, de sa rue, de son quartier, de son village et de sa classe sociale ne pouvait guère se tourner que vers l'école. Les leçons de français, d'histoire ou de géographie pouvaient ainsi faire rêver et, pour bien des élèves, l'école libératrice n'était pas une fable dans un monde sans radio, sans télévision, avec peu de journaux, de livres et de cinémas.

Le développement des médias et le bain médiatique dans lequel vivent les maîtres autant que leurs élèves a complètement changé la donne. Quels que soient les jugements portés sur les médias, ils remettent en question le monopole culturel de l'école. Tous les élèves peuvent s'ouvrir au monde sans passer par l'école ou plutôt sans avoir le sentiment qu'il est indispensable de passer par elle. Les élèves disposent d'outils plus excitants, plus rapides, souvent plus interactifs que ceux de l'école. En dépit d'une évolution de l'enseignement vers des méthodes plus dynamiques et plus ouvertes, le monde de l'école semble, aux yeux des élèves, encore plus « scolaire ». On s'ennuie parce qu'on peut comparer l'école à d'autres formes d'apprentissage.

En ce domaine, on ne peut se satisfaire ni d'une condamnation des médias, qui soulage plus efficacement qu'elle ne résout le problème, ni d'une contamination du monde de l'école par la culture des médias. Les élèves ne le souhaitent pas, car leur monde propre s'en trouverait « dénaturé » par l'école. Surtout, la logique de l'apprentissage scolaire tourne le dos à celle des médias. Mais il n'empêche que les élèves ne sont plus captifs et ne se sentent plus prêts à être captivés comme au temps où ils n'avaient le choix qu'entre l'ennui de l'école et les épreuves du travail précoce.

Cela rend évidemment le métier d'enseignant plus difficile, mais faut-il se borner à le déplorer ?

3. On a des chances de moins s'ennuyer à l'école quand on a la certitude qu'il est utile de faire des études et d'y travailler afin d'en tirer, plus tard, quelques utilités personnelles « sonnantes et trébuchantes », un métier, une fonction, un emploi... Mais l'utilité matérielle et concrète que l'élève peut tirer de ses apprentissages scolaires est sans cesse reportée du fait de la massification et de l'allongement des études : il n'est pas exclu que l'ennui découle de ce « différement » continu du moment où les études seront « utiles ». L'allongement des études a deux conséquences paradoxales. D'un côté, les études sont de plus en plus indispensables, car plus l'école distribue des diplômes, plus ceux-ci sont des marqueurs lors de l'entrée dans la vie professionnelle, puisque ne pas être diplômé est un handicap. D'un autre côté, l'utilité des diplômes est prise dans un mouvement de translation qui la diffère sans cesse : l'utilité obtenue à 15 ou 16 ans voici quarante ans est aujourd'hui réalisée à 21 ou 23 ans. Il en résulte à la fois une conviction globale sur l'utilité des études et une incertitude personnelle quant à la réalité de cette utilité.

Les élèves pensent que les études sont utiles, mais ils savent que cette utilité se révélera bien plus tard. Ils savent aussi que, parfois, cette utilité est négative : ils n'anticipent pas les bénéfices et ont simplement peur de l'échec. Dès lors, ils s'ennuient parce qu'ils ne savent pas en quoi l'école est vraiment utile. Là encore, il ne s'agit pas de juger ni de condamner les professeurs ou les élèves. Mais on est bien forcé d'entendre le discours des élèves sur l'« inutilité » de certaines disciplines, même si l'on est, par ailleurs, convaincu de leur utilité intellectuelle. Or toute la culture scolaire conspire à invalider cette question, à dénoncer les « consommateurs » d'école, l'« utilitarisme » des élèves et de leurs familles. En même temps, tout enseignant aime sa discipline et supporte mal de la voir réduite à quelques utilités sociales.

Là encore, il ne peut être question de lutter contre l'ennui par la seule mise en exergue de l'utilité des disciplines scolaires dans lesquelles les élèves s'ennuient. Mais il faut bien relever le défi posé par ce glissement du principe d'utilité. Comment engager des élèves dans des formations relativement longues et dépourvues de perspectives claires, tout en leur reprochant de ne pas afficher la passion intellectuelle des khâgneux qui s'intéressent aux idées générales parce qu'ils savent, précisément, qu'elles leur seront utiles un jour ? Le problème de la perception de l'utilité des études n'est donc pas trivial, il dépasse de très loin les seuls enjeux posés par le style et le talent pédagogiques des enseignants.

4. Quand on interroge les élèves, « bons » ou « mauvais », ils déclarent souvent qu'ils se sentent sous-estimés intellectuellement par l'école, ce qui ne les empêche pas de dire aussi que la difficulté des apprentissages les plonge dans le décrochage et dans l'ennui. Les élèves avancent deux opinions contradictoires : c'est trop difficile et on décroche ; c'est trop facile et on s'ennuie. Au-delà de ce double jugement, ceux qui ont été stimulés par l'école élémentaire, souvent par leur famille et par les médias dont ils disposent, dénoncent une forme particulière d'ennui, celle de la routine des exercices scolaires apparaissant comme des réponses

mécaniques à des questions qui ne sont jamais posées, comme si les questions qui commandent les programmes leur étaient totalement étrangères et étaient aussi étrangères à leurs enseignants, comme si, enfin, les choses se justifiaient simplement parce qu'elles sont au programme. Les élèves deviennent donc instrumentalistes et s'ennuient en s'enfermant dans cette attitude. Pour lutter contre cette tendance, les enseignants fractionnent les apprentissages et multiplient les contrôles, et les élèves se considèrent de plus en plus comme des machines à apprendre des réponses aussi vite oubliées qu'apprises afin de « faire de la place à la suivante ». D'un autre côté, les élèves aiment cette fragmentation et cette accumulation qui leur procurent un sentiment de sécurité : plus il y a de contrôles, plus on s'approche de la moyenne.

Mais l'ennui peut être le prix de cette double sécurité. Sans doute doit-on se demander si l'on n'apprend pas à l'école beaucoup trop de choses faciles, alors qu'il serait préférable d'apprendre peu de choses, mais difficiles, c'est-à-dire des connaissances et des compétences exigeant un véritable effort intellectuel. On est censé « apprendre tout au long de la vie », néanmoins la conception des apprentissages élémentaires reste largement encyclopédique, la difficulté tenant plus à l'accumulation qu'à la difficulté même des exercices et des opérations demandés. C'est en ce sens que les élèves disent qu'ils se sentent sous-estimés, et la vieille formule de la tête bien faite et de la tête bien pleine n'est pas aussi désuète qu'elle en a l'air. De même que les élèves ont du mal à accepter le délai pour que les activités scolaires se révèlent réellement utiles, ils ont du mal à supporter le temps entre les questions posées et les réponses apportées ; plus encore, ils ont l'impression que les réponses précèdent les questions. Même s'il n'y a là rien de bien nouveau dans la forme scolaire, il est vraisemblable que l'ascétisme n'est plus ce qu'il était dans notre société, et pas seulement chez les jeunes. Là encore, le thème de l'ennui a le mérite de nous obliger à nous regarder en face.

5. Il est prudent de penser que les élèves ne s'ennuient pas aujourd'hui plus qu'avant ; ils ont par contre la capacité et le « droit » de dire qu'ils s'ennuient et de le manifester. En effet, la légitimité de l'ordre et de l'autorité scolaires ne s'impose plus naturellement, pas plus que les autres exercices de l'autorité. Elle repose sur le charme des enseignants, et sur leurs compétences en termes d'apprentissage, bien plus que sur une soumission a priori. Dès lors, cette autorité est plus fragile, plus aléatoire et plus contestable. Dire que l'on s'ennuie n'est pas impossible, parce que ce n'est pas vécu comme illégitime par les élèves, alors qu'auparavant cet ennui pouvait apparaître comme une quasi-faute morale.

Cette mutation est bien plus lourde et bien plus longue que celle qui relève des difficultés causées par l'adaptation de l'école à des environnements et à des publics nouveaux. La forme scolaire a longtemps participé d'un « programme institutionnel », reprise d'un modèle religieux par l'école républicaine et par la plupart des institutions modernes. Non seulement l'école était un sanctuaire protégé des désordres et des passions du monde par la sélection précoce des fidèles, mais elle s'appuyait sur une autorité plus ou moins sacrée, le maître incarnant, comme le prêtre dans l'Église, des principes qui le dépassaient : la grande culture, la science, la Raison, l'unité de la nation...

Or, partout, cette autorité décline au nom même de la modernité et de l'autonomie des sujets. Dès lors, le maître est tenu de fonder son autorité par lui-même, sur ses compétences, sur sa personnalité et son charme, sur l'accord des élèves tel que le formalise, en principe, le règlement intérieur ou la charte de l'établissement. Beaucoup déploreront cette évolution qui fragilise l'autorité des enseignants ; mais, dans une large mesure, cette mutation est le produit des valeurs critiques et démocratiques que l'école s'est attachée à défendre et à promouvoir. L'exercice de l'autorité étant plus difficile, plus aléatoire et plus fragile, les élèves ont plus de facilité à dire qu'ils s'ennuient, à le manifester, à sortir ostensiblement d'une relation pédagogique qui n'est plus la mise en forme d'une hiérarchie sacrée.

Cette expression de la « souffrance » et des besoins d'épanouissement personnel – expression liée à un impératif d'engagement et de mobilisation de soi – n'est pas seulement une affaire scolaire, et moins encore une affaire d'élèves. Partout s'impose le thème de la souffrance au travail, de la contradiction entre un impératif de mobilisation subjective et une difficulté à se motiver, entre un désir d'être acteur et un déficit endémique de reconnaissance. Pourquoi les élèves, qui sont finalement aussi des « travailleurs », échapperaient-ils à cette plainte à la fois intime et publique, pourquoi ne trouveraient-ils pas légitime de manifester leur ennui quand la plupart des adultes affichent des plaintes similaires ?

Chaque enseignant est directement confronté à ce problème, car le déclin des mécanismes institutionnels conduit chacun d'entre eux à lutter contre cet ennui, à motiver et à activer les élèves qui ne sont plus ni captifs ni séduits d'emblée. C'est sans doute là un des facteurs essentiels de la fatigue et du stress des enseignants, qui doivent lutter contre une menace latente d'ennui et contre leur propre ennui, leur découragement, d'autant plus que les élèves qui s'ennuient le font immédiatement savoir. Mais on voit mal comment il pourrait en être autrement, sauf à retrouver l'ancienne paix au prix d'une exclusion massive des élèves et de la tolérance traditionnelle de quelques chahuts spectaculaires. Il est plus difficile d'enseigner dans une école démocratique de masse que dans un couvent réservé aux meilleurs.

Ce raisonnement invite à dédramatiser l'ennui, car il y a sans doute une part inévitable et peut-être même nécessaire d'ennui à l'école, ennui lié à la contrainte même, au rythme des apprentissages et des exercices, au décalage inévitable entre les intérêts individuels et les attentes scolaires. Et puis, qui ne s'est jamais ennuyé au concert, au cinéma, dans un colloque ou lors d'un dîner ? Il faut donc accepter que les élèves s'ennuient et le leur faire accepter : on peut parfois trouver un certain charme à l'ennui et à la rêverie qui le console.

Cependant, le thème de l'ennui est des plus sérieux et des plus lourds, parce que le travail scolaire ne peut se réduire à un exercice de la contrainte, parce qu'il suppose quelque chose de particulier : l'engagement subjectif et intellectuel des élèves qui, sans cela, n'apprennent pas ou n'apprennent que la surface des choses. Qui pourra dire à quelles conditions et selon quels canaux l'heure de travail intellectuel est active ou utile ? Il faut donc lutter contre l'ennui scolaire, ce qui n'implique nullement de distraire les élèves, comme l'affirment ensemble les démagogues et les nostalgiques d'un ordre scolaire d'autant plus beau qu'il est enfoui dans les limbes du passé.

D'ailleurs, au-delà des professions de foi les plus fermes, la plupart des enseignants s'acharnent à essayer de vaincre l'ennui.

On peut imaginer de multiplier les opportunités et les modalités d'apprentissage afin d'accroître les opportunités d'engagement des élèves. Ici, les travaux des cognitivistes et des didacticiens rejoignent l'expérience banale des maîtres et des élèves, car l'ennui naquit un jour de l'uniformité. Si l'ennui fait obstacle à l'apprentissage, il est également vrai que l'incapacité d'entrer dans les apprentissages provoque un ennui mortel. Peut-être faudrait-il que, dans leur formation, les enseignants apprennent à se souvenir des mille manières par lesquelles ils ont appris. Combien de trucs, de ruses et de détours ont permis à la plupart d'entre nous de s'en sortir ? Les anciens bons élèves ont souvent une sorte d'amnésie de leurs propres apprentissages et l'ennui des autres leur devient incompréhensible.

On peut aussi penser que l'ennui est moins fort quand on est engagé dans une activité de production. Il faudrait donc développer les productions scolaires dans lesquelles les élèves sont tenus de s'engager et de se reconnaître eux-mêmes dans des objets scolaires. Il faut *faire* des choses à l'école et pas seulement les réciter.

De façon plus générale, plutôt que d'essayer de distraire les élèves, il faut accroître le niveau des attentes intellectuelles et répondre à des questions, plutôt que de différer sans cesse les réponses au rythme des mois, voire des années. La pédagogie par objectifs ne doit pas être un slogan : il faut que les élèves connaissent et se voient rappeler les objectifs de connaissances et de compétences. Qu'y a-t-il de plus ennuyeux que d'apprendre sans savoir que l'on progresse, d'apprendre sans percevoir les objectifs du travail accumulé, de travailler en ayant le sentiment d'être toujours aussi éloigné d'une norme mal définie, mais toujours hors d'atteinte ?

Ces esquisses de réponses peuvent apparaître faibles, banales et déjà rituelles. Mais l'essentiel est de comprendre que l'ennui ne vient pas d'une mauvaise éducation ni d'une mauvaise socialisation des élèves, pas plus qu'il ne procède de l'incapacité des enseignants. La manifestation de l'ennui est inscrite dans les mutations les plus profondes de l'école et de la société, elle est le prix de la démocratisation scolaire et de la promotion de l'individu qui ne se sent pleinement sujet que dans la maîtrise de son expérience sociale et de ses apprentissages. Dès lors, si ce n'est pas une découverte, c'est un grand progrès et un pas vers la sagesse que de parler de l'ennui, puisque, dans cette perspective, l'élève n'est pas considéré comme un simple réceptacle, une page sur laquelle doit être écrit un texte, mais comme un acteur et un sujet – plus précisément, comme un individu que l'école doit rendre sujet.

PHILIPPE MEIRIEU

De l'ennui en pédagogie

PHILIPPE MEIRIEU : professeur en sciences de l'éducation, directeur de l'IUFM de Lyon, il a publié des ouvrages sur les méthodes actives et sur les rapports entre éthique et pédagogie. Dans *La Machine-École* (Folio actuel, 2001), il a fait le récit de ses expériences de réformateur dans l'Éducation nationale.

L'ennui est un phénomène ancien qui présente, sans aucun doute, des manifestations nouvelles. Nous assistons au passage d'un ennui contenu dans les limites de la convenance scolaire à un ennui qui s'étale ostensiblement dans son arrogance, interroge la légitimité des enseignants et menace même l'équilibre de l'institution. Aujourd'hui, c'est moins la réalité du phénomène qui pose problème aux enseignants que ses manifestations, vécues comme beaucoup plus agressives par ceux qui sont chargés d'enseigner dans l'institution scolaire.

En d'autres termes, la convenance scolaire est devenue, pour un grand nombre d'élèves, une « langue étrangère ». Face à ce constat, trois comportements sont possibles : enseigner en « langue étrangère », par exemple en verlan, au risque de la démagogie ; enseigner à tous la « langue maternelle scolaire », au risque d'un conflit culturel dans lequel les enseignants peuvent s'épuiser ; réserver les bénéfices de l'enseignement à ceux qui maîtrisent la « langue maternelle scolaire » avant même d'arriver à l'école, au risque d'exclure le plus grand nombre.

EXTRAIT DU *DICTIONNAIRE DE PÉDAGOGIE ET D'INSTRUCTION PRIMAIRE* DE 1882 D'E. PÉCAUT

« Qui n'a été frappé, en pénétrant dans la cour d'un de nos grands établissements d'enseignement secondaire, de la mine maussade, éteinte, ennuyée, d'un grand nombre de jeunes garçons ? Qui ne les a vus, dans la classe, subir les leçons comme une corvée monotone, sans que leur visage s'animât, sans que le moindre tressaillement vînt annoncer que le cœur prenne part à l'effort de l'intelligence ? Qui ne sait que, l'éducation terminée, un trop grand nombre d'entre eux se hâtent d'oublier une époque de leur vie qui, par leur faute ou par celle de leur maître, ne leur apparaît que comme un temps de labeur ingrat et ennuyeux ? »

Ces trois formules mènent à des impasses. Aussi, plutôt que de chercher désespérément à refonder l'obligation scolaire sur la convenance, vaut-il mieux essayer de repenser l'institution à partir du pari que le projet d'apprendre peut encore s'ancrer, dans l'école, sur le projet d'enseigner.

La consultation *Quels savoirs enseigner dans les lycées ?* de 1998 nous éclaire. Dans son principe, elle était un moyen de faire réfléchir les lycéens et l'ensemble de la communauté éducative sur la question des contenus et des méthodes d'enseignement. Cette enquête a donné lieu à une polémique sur la question de l'ennui sur laquelle il est utile de revenir.

Le questionnaire à destination des élèves comprenait une vingtaine de questions. Deux comportaient le mot « ennui » : « Qu'est-ce que vous jugez important d'apprendre au lycée mais qui vous ennuie ? » « Pensez-vous qu'il y ait un remède à cet ennui ? Si oui, lequel ? » Notre premier objectif était de faire réfléchir les lycéens sur le rapport entre l'importance et l'intérêt : ce qui est important n'est pas forcément intéressant et, inversement, ce qui est intéressant n'est pas forcément important. En second lieu, nous souhaitions amener les lycéens à faire des propositions, à ne pas se cantonner dans la critique : quelles possibilités voyaient-ils pour que les contenus des programmes deviennent non seulement importants mais intéressants pour eux ? Enfin, pour éviter des propos strictement réactionnels, les établissements – en particulier les enseignants – étaient invités à accompagner les élèves dans cette démarche.

Au-delà des querelles qui ont porté sur le principe même de la consultation, le nombre de réponses reçues et dépouillées (plus d'un million deux cent mille) et le mode de traitement (fondé sur une grille nationale élaborée à partir d'une typologie des réponses aux questions ouvertes faite sur un échantillon) permettent de dresser quelques constats :

– Les élèves font bien la distinction entre l'importance et l'intérêt.

– Ils considèrent comme importants, aussi bien pour leur enrichissement personnel que pour leur vie professionnelle future : la culture générale, les langues, l'apprentissage de l'expression écrite et orale, l'explication des grands événements de l'actualité (par exemple, la guerre du Golfe), l'informatique et les nouvelles technologies.

– Ils considèrent comme importants mais ennuyeux cinq types d'enseignement : ceux qui font appel à la simple mémorisation (72 %) ; ceux qui concernent des phénomènes trop éloignés, à leurs yeux, dans l'espace et dans le temps (61 %) ; ceux qui se rapportent à des matières secondaires dans la série choisie (58 %) – les lettres dans les séries scientifiques ou les sciences dans les séries littéraires ; ceux qui sont trop spécialisés (52 %) ou trop abstraits (31 %).

– Les élèves proposent comme remèdes à l'ennui, par ordre d'importance : avoir des professeurs plus passionnés ; avoir des professeurs qui aident et encouragent ; introduire les technologies nouvelles ; articuler les enseignements aux problèmes de la vie pratique ; travailler davantage sur l'actualité ; utiliser l'interdisciplinarité ; faire des visites, des stages, des séjours à l'étranger ; multiplier les travaux de groupes ; réduire les effectifs et la durée des cours.

Ces deux questions ont suscité des réactions extrêmement violentes, que nous avions interprétées à l'époque comme l'opposition entre deux conceptions de l'école apparemment contradictoires :

– d'un côté, la volonté de ne pas rabattre le fonctionnement d'une institution (fondée sur des principes et des valeurs) sur celui d'un service obéissant à une logique de besoins ;

– de l'autre, la volonté de mettre en adéquation les acteurs de l'institution avec les principes de son fonctionnement (en affirmant que les acteurs sont les seuls à pouvoir actualiser les principes).

À regarder les très nombreux courriers que nous avons reçus à l'époque, il est évident que la violence des réactions des enseignants, le fait qu'ils n'aient même pas lu la question et qu'ils se soient focalisés sur ce mot « ennui », tient au principe même des questions concernées : des tiers étaient venus leur demander si leurs élèves s'ennuyaient, c'est-à-dire avaient fait irruption de manière insupportable dans le colloque pédagogique singulier du professeur et de sa classe. Cette intrusion n'a pas été supportée. À l'époque, nous avons interprété ce phénomène comme un refus plus ou moins explicite de la part des enseignants d'intégrer la question du sens des apprentissages dans leur profession. Nous avons même pensé que les enseignants vivaient sur un déni de leur propre histoire scolaire, refusant d'en considérer les difficultés et exaltant systématiquement leurs propres réussites au détriment des grandes plaines mornes et tranquilles qu'ils avaient, de toute évidence, traversées comme les autres.

Avec le recul, il m'apparaît que, pour un enseignant, le déni de l'ennui dans sa propre histoire scolaire est sans doute nécessaire comme moyen de réassurance personnelle. C'est peut-être un moyen de résister à la fragilisation inévitable que produirait une trop grande lucidité sur le caractère dérisoire et insupportable de certaines situations pédagogiques. Enseigner requerrait une certaine cécité sur la réalité de ce qui se passe dans la classe. De plus, la nostalgie et l'exaltation de son propre rapport au savoir sont sans doute génératrices de dynamisme pédagogique. Comme l'explique bien Daniel Hameline, le professeur idéalise la scène primitive où il a découvert, dans le bonheur d'une rencontre fondatrice, les savoirs qui nourrissent son engagement professionnel. Souvenons-nous, au début du *Phèdre* de Platon, de cette rencontre extraordinaire où le maître et l'élève vont se baigner les pieds dans la rivière et deviser tranquillement, sereinement. Les pieds dans l'Ilissos, ils savourent ensemble le plaisir d'apprendre : cette occasion est assumée réciproquement, sans sacrifier à la rigueur de la transmission.

Mais le monde grec lui-même, dès lors qu'il a dû instituer l'enseignement, ne l'a pas organisé autour de l'Ilissos : il n'y aurait pas eu assez de place, de toute évidence ! Il l'a organisé autour du gymnase, ce champ de manœuvres où l'élève se formait pour la guerre sous le coup d'une obligation de résultat qu'on peut résumer par ce choix terrible : « tuer ou être tué ». Entre la scène archétypale, où le maître et l'élève devisaient tranquillement ensemble les pieds dans l'Ilissos, et le gymnase où, de façon utilitariste, les contraintes et les obligations imposaient cette obligation de résultat, il y a un écart probablement constitutif de ce qui fait la difficulté d'enseigner. Or, depuis, l'Ilissos ne passe guère au pied de l'estrade, et la classe est plus affaire d'obligations, de contraintes, d'encadrement, que de rencontres occasionnelles et heureuses entre des personnes consentantes.

C'est pourquoi il ne faut jamais sous-estimer le caractère irréductiblement aléatoire de la rencontre avec les savoirs, il ne faut jamais croire que l'amélioration des conditions de l'enseignement suffit à produire mécaniquement de l'apprentissage, et il faut accepter l'impouvoir du maître sur le désir de l'autre. On peut identifier différentes explications à cet impouvoir qui n'est pas, pour autant, de l'impuissance : le maître ne peut pas être l'objet du désir de l'autre, il n'est qu'un médiateur ; il ne peut commander au désir de l'autre parce qu'on ne déclenche pas le désir d'apprendre, mais on se rencontre au bord de l'Ilissos, de temps en temps ; il est médiateur entre l'autre et le savoir parce qu'il engendre, le plus souvent à son insu, des greffes et des transferts de toutes sortes.

Le maître crée des situations par lesquelles des liens se nouent : des liens fragiles, difficiles, entre le concret immédiat et les images, les symboles et les modèles théoriques qui permettent de le penser, des liens ténus entre l'expérience intime et l'universalité de la culture ; le moment où l'expérience la plus intime devient la plus universelle ; le moment où l'enfant retrouve, à travers Rimbaud ou l'*Iliade*, les interrogations qui travaillent sa propre vie ; le moment où le désir de comprendre et de connaître prend forme à travers l'intelligence mathématique, et où l'intime et l'universel se rejoignent dans une greffe qui n'est jamais véritablement réussie à l'avance.

À partir de là, on pourrait dire de façon caricaturale que, dans l'histoire, la « pédagogie de l'intérêt » et la « pédagogie de l'exercice » se sont opposées pour résoudre ce problème. La pédagogie de l'intérêt naît en 1899 à Abbostholme, en Angleterre, avec Cecil Reddie : dans cette école, on supprime tous les enseignements, les enfants font de l'arithmétique en dessinant le cadastre, de la géométrie en traçant des plans de la maison, ils font du jardinage et calculent à cette occasion des pourcentages et des taux d'intérêt, montent des pièces de théâtre. Ils découvrent l'ensemble des savoirs à travers une activité dans laquelle ils s'investissent. Ce mouvement s'est très largement développé en France à travers Eugène Demolins avec l'École des Roches. Il a fait l'objet, en 1921 à Calais, d'un congrès important qui, dans la suite de la guerre 1914-1918, a été porté par les politiques comme une espérance extraordinaire de réconciliation entre les hommes. Cela s'est également traduit dans les « méthodes actives » et dans une sorte de vulgate de l'Éducation nouvelle : rien ne se fait sans que l'enfant le désire ; l'enseignant doit donc ancrer le savoir sur le développement de la personne et son objectif premier est de créer la demande de savoir.

Pour cela, deux directions s'offrent à l'enseignant : s'appuyer sur les intérêts spontanés de l'élève et faire émerger son intérêt à partir d'objets culturels. C'est là que l'on retrouve les interrogations de la consultation de 1998 : ce qui intéresse l'élève est-il vraiment dans son intérêt ? pourquoi ce qui est dans son intérêt n'est-il pas miraculeusement ce qui l'intéresse ? La pédagogie de l'intérêt se débat en permanence dans ce paradoxe, essayant de répondre à la question : comment créer la demande de savoir ? Si l'on étudie l'histoire de la pédagogie de l'intérêt, nous nous rendons compte à quel point elle peut engager le maître dans une logique de production. Progressivement, l'accent mis sur l'intérêt devient obsession de l'activité et, parfois, du bricolage. L'activité, pour favoriser la finalisation et la coopération, devient exclusivement une activité collective : construction de maquettes, de châteaux forts, de journaux scolaires... À ce moment-là, la réussite immédiate et matérielle surdétermine le fonctionnement du groupe, produisant la division du travail et l'exclusion au sein du groupe.

L'apprentissage est ainsi évacué, avec la spécificité de l'école : le primat de la compréhension sur la réussite. Ce primat fait de l'école une institution très particulière. Dire qu'il est plus important de comprendre que de réussir, c'est affirmer que l'objectif est prioritaire sur la tâche, que l'acquisition mentale à long terme est prioritaire sur la production à court terme.

D'où les paradoxes de la pédagogie de l'intérêt : porteuse de nombreuses espérances, elle ne cesse de se débattre dans de nombreuses difficultés. Elle mobilise certains élèves, mais, très souvent, ce sont ceux qui sont déjà mobilisés : ceux qu'on retrouve actifs dans une activité de classe l'auraient été à la MJC, au centre social ou dans le club du quartier. La pédagogie de l'intérêt évite l'ennui, mais au prix d'une activité qui peut devenir activisme, et au risque de marginaliser les apprentissages personnels. Elle fonctionne sur le déclenchement d'un désir qu'elle ne maîtrise véritablement jamais. Si elle évite l'ennui, c'est parfois au prix d'une surenchère de séduction qui, comme le montre le mouvement de l'Éducation nouvelle, risque en permanence d'assujettir l'élève à son émancipateur, qui récupère en fascination ce qu'il abandonne en contrainte.

Simultanément à cette pédagogie de l'intérêt s'est développée une pédagogie de l'exercice, qu'on trouve chez les pédagogues eux-mêmes. Ainsi, Pestalozzi, dans la *Lettre de Stans*, en 1799, explique qu'il faut d'abord demander à des élèves difficiles de regarder un doigt pendant dix minutes et de se concentrer dessus. On la trouve chez Maria Montessori, quand elle parle de l'« esprit absorbant » des enfants d'école maternelle et primaire. Elle affirme que le drame de cette pédagogie est qu'on se met à distraire les élèves, qui étaient pourtant si concentrés à l'école maternelle, en multipliant des activités inutiles, alors qu'il suffit de les regarder à l'école maternelle pour comprendre que, s'ils continuaient comme cela, ce serait merveilleux. On retrouve ce point de vue chez Germaine

Tortel, dans ce qu'elle nomme la « pédagogie de l'initiation », ou chez Fernand Oury. Cette pédagogie de l'exercice est très bien développée chez Alain : l'enfant se forme dans l'apprentissage de la concentration, de la maîtrise de soi, qu'impose l'exercice dans son ingratitude même.

Pour Alain, l'apprentissage scolaire est d'abord l'apprentissage de la densité du geste. Cela requiert, dit-il, une « action dénudée » ; il faut que « le travail montre son froid visage, insensible à la peine et même au plaisir » ; il est indispensable « de répéter et de faire répéter, de corriger et de faire corriger », « d'essayer, faire, refaire, jusqu'à ce que le métier entre, comme on dit... ». Au bout du compte, une « simplicité monastique » et une « patience d'atelier » s'imposent. Ainsi, dans l'atelier, on fait l'hypothèse que l'enfant plie son intelligence à l'objet pour former son intelligence. La contrainte de la tâche, dans son exigence et dans sa dureté même, dans son ingratitude, entraîne l'esprit, structure l'intelligence et forge la volonté.

ALAIN, *PROPOS SUR L'ÉDUCATION*

« Il faut que l'enfant se sente grandir lorsqu'il passe du jeu au travail. Ce beau passage, loin de le rendre insensible, je le voudrais marqué et solennel. L'enfant vous sera reconnaissant de l'avoir forcé et vous méprisera de l'avoir flatté [...]. Le travail a des exigences étonnantes, et que l'on ne comprend jamais assez. Il ne souffre point que l'esprit considère les fins lointaines ; il veut toute l'attention. Le faucheur ne regarde pas au bout du champ. Et tout cet ennui, là autour, et ce vide sans profondeur, sont comme une leçon bien parlante. »

Mais, comme la pédagogie de l'intérêt, cette pédagogie de l'exercice peut aussi aboutir à certaines dérives. L'exercice, déconnecté de toute possibilité de lui donner du sens, est vécu comme une simple soumission. L'obsession de la perfection formelle interdit toute ouverture vers de nouveaux savoirs et phagocyte toute perspective nouvelle. D'une certaine manière, là encore comme dans une pédagogie de l'intérêt mal comprise, la spécificité de l'école est évacuée, en particulier la spécificité de se donner une forme et d'élargir sa propre forme : on interdit cet élargissement par l'enfermement dans la forme initiale.

Ainsi, l'histoire de la pédagogie elle-même nous instruit sur la complémentarité de l'exercice et de l'intérêt. Il faut donc comprendre et accepter que le métier d'enseignant, métier de décisions au quotidien, est au cœur de contradictions difficiles, suppose que ces décisions quotidiennes les plus concrètes soient prises en pleine conscience des enjeux qu'elles engagent.

Pour les responsables de formations d'enseignants, l'objectif est de permettre à l'enseignant d'agir au cœur des contradictions et de tenir ensemble, dans le même acte, l'exigence du sens, sans laquelle le bénéfice de l'activité scolaire est réservé à ceux qui savent l'instrumenter à leur profit, et l'exigence de la densité, sans laquelle le sujet ne peut naître à lui-même et au monde. Il s'agit bien de réaliser une « composition » en associant le sens et la technique, d'articuler des contraires sans pouvoir espérer une satisfaction parfaite, mais sans renoncer non plus à cette articulation. Cela implique de penser l'exercice du métier d'enseignant autrement que comme une somme de compétences spécifiques et aussi d'aider les enseignants à comprendre ce qu'est le projet d'enseigner : c'est un projet de transmission, culturel, transgénérationnel. C'est aussi un projet politique d'institution : on institue un espace particulier. Ce n'est pas parce qu'il y a écrit « École » que l'espace est protégé contre la loi du plus fort. Ce n'est pas parce qu'il y a écrit « École » qu'on donne raison à celui qui démontre le mieux. Il faut instituer cette école-là dans l'École. Le projet d'enseigner consiste, selon la maxime des Lumières, à rendre chacun capable de penser par lui-même.

Plutôt que de cultiver la nostalgie d'un temps où la convenance scolaire permettait de tolérer l'ennui, il vaudrait mieux inventer ensemble des situations où *le sens* fait de l'ennui la temporalité nécessaire à la formation de l'intelligence, et où *l'ennui* fait du sens autre chose qu'un appel à la satisfaction immédiate. Le sens sans l'ennui, c'est la satisfaction immédiate. L'ennui sans le sens, c'est le vide et, probablement, l'impossibilité d'accéder au bonheur d'apprendre que nous cherchons à créer dans chaque classe. Telle est la raison d'être de notre métier, en tant que nous sommes non pas les auteurs des apprentissages de nos élèves, mais les médiateurs nécessaires pour qu'ils apprennent.

PIERRE BERGOUNIOUX

Ce que nous apprennent les enfants

PIERRE BERGOUNIOUX : enseignant dans un collège de la banlieue parisienne, il est l'auteur de trente-cinq livres. Ses romans reviennent souvent sur la terre corrézienne dont il est issu. Il dénonce le poids de cette vieille société agraire dont il a cherché à s'échapper, mû dès l'enfance par ce que Montaigne appelait le « naturel désir de connaître ».

Le changement de siècle coïncide avec une aggravation dramatique de la crise où la société française s'enfonce depuis plus de trente ans. C'est sur le terrain de la transmission, de l'école, que les effets en sont les plus manifestes.

Crise organique, elle affecte les fondements économiques de la vie, avec le triomphe du néolibéralisme, le primat des critères financiers. Toute autre espèce de considération est désormais tenue pour subalterne.

Délocalisation et licenciements sauvages, déréglementation, aggravation de l'exploitation, flexibilité, harcèlement moral et chômage de masse pèsent désormais sur le travail. Comment les formes de conscience élaborées, à la fois particulières et universelles, qui constituent la culture d'un pays développé, échapperaient-elles à la tyrannie de l'intérêt économique pur, du profit devenu la mesure et la fin proclamée de toute chose ? Les communications de masse ont été livrées à des groupes privés. Ils y ont importé les procédés en vigueur dans l'industrie et la grande distribution. Le système d'enseignement, qui est chargé d'instruire, d'éclairer, d'élever, à tous les sens du terme, se trouve confronté à des entreprises de divertissement dont la référence est l'audimat, le tapage et la vulgarité les moyens d'élection, l'objectif d'accaparer le plus grand nombre possible de parts de marché.

Un linguiste américain, Sapir, suggérait, il y a déjà longtemps, que la culture savante tient dans un mot, et que c'est non. La sphère du sens commun, des évidences pratiques n'épuise pas, loin s'en faut, la teneur de nos existences. Nous sommes des êtres de signification, de conscience. Il faut se porter en connaissance de cause à la hauteur des choses pour exercer notre part de liberté.

Le principe de médiocrité consiste, on le sait, à poser que rien n'est moins personnel que notre expérience individuelle, que ce qui nous arrive est une application particulière des lois les plus générales. Je suppose donc que chacun d'entre nous est, journellement, désagréablement affecté par ce qui se passe, souffre de l'altération rapide, profonde des rapports interhumains. Les axiomes fondateurs, les valeurs ultimes de la communauté se défont sous nos yeux, à commencer par le sentiment communautaire. On peut s'inquiéter à bon droit de l'avenir d'une société qui s'était maintenue, des siècles durant, dans les pires traverses, relevée des plus terribles commotions et semble aujourd'hui menacée, alors qu'elle vit en paix, de désagrégation. Nous sommes les témoins et les protagonistes d'un fléchissement sans exemple ni précédent de la conscience politique, de l'invention culturelle, de la moralité publique et des vertus privées.

Le débat politique est dominé par le thème sécuritaire, hanté par les vieux démons de l'intolérance et de la xénophobie. Derrière l'incivilité, la délinquance, les actes de démence individuelle qui se multiplient, ce sont les modes d'autocontrôle et d'intégration élaborés depuis la Renaissance, s'il faut en croire le sociologue Norbert Elias, qui sont en voie de destruction. La violence prolifère sur la ruine des rituels qui réglementaient, et agrémentaient, l'espace quotidien. Pour les gens d'un certain âge auxquels on a persuadé qu'une partie de leur dignité résidait dans l'observance de certains procédés, c'est la civilisation des mœurs, rien de moins, qui est en cause. Je sais bien qu'elle s'est formée au sein d'une société curiale-absolutiste fondée sur l'extorsion brutale de la rente seigneuriale, de la dîme, auxquelles s'ajoutaient les prélèvements d'une puissance royale dont la dépense fixait le revenu, et non l'inverse. Il reste que ce modèle transindividuel, supragénérationnel, avait gagné les couches profondes du tiers état et que de petits paysans des plus reculées provinces se conformaient, il y a peu encore, à des usages qui les élevaient fort au-dessus du lopin dont ils tiraient leur subsistance. Que nous soyons des agents économiques, c'est ce que nous prescrit notre nature même, cette union monstrueuse, disait l'Anglais Hume, de la faiblesse et du besoin. Mais qu'on se limite, volontairement ou non, à cette composante de notre existence, et celle-ci perd à peu près toute espèce de signification et d'intérêt.

Et l'école, là-dedans, et l'ennui ? J'y viens.

L'ingénuité des enfants est un verre grossissant, un révélateur des mouvements et des tensions qui travaillent les profondeurs du corps social. L'acuité de la question scolaire, la gravité des événements qui troublent la vie ordinaire des établissements sont l'expression déplacée du conflit qui a déserté le terrain politique, disparu du débat public. Quiconque enseigne dans les quartiers populaires, où sont concentrés les établissements dits « sensibles », ne peut manquer de faire la constatation suivante. Les performances des élèves y sont très nettement inférieures à celles que supposent, pour un niveau donné, les textes élaborés dans les bureaux de la rue de Grenelle, à Paris (7e). Victimes indirectes de l'insécurité économique, étrangers à une culture qui suppose, d'abord, la distance à la nécessité, la quiétude, le surplus sans lequel on ne saurait se procurer de livres, d'instruments et de cours de musique, de billets de théâtre, de concert ou de voyage, en proie à des troubles psychologiques, comme on dit, induits par l'inappropriation de leurs manières d'agir et de penser, de sentir, de parler, à un univers scolaire dominé par des attendus et des attentes différents, les enfants les plus démunis sont mécaniquement voués à l'échec relatif ou absolu. L'ennui qu'ils ressentent, et expriment, croît avec la distance qui sépare leurs usages, leurs vues de ceux que l'école institue comme normes sans, bien sûr, se soucier d'en indiquer les fondements, sinon dans le registre d'un plat moralisme (le respect, etc.) ou d'un juridisme pour le moins insolite (contrats de ceci ou de cela impliquant un adulte qui ne sait pas vraiment ce qu'il fait, sans doute, et un enfant ou un adolescent qui n'en a pas la moindre idée et, de toute façon, n'en peut mais).

Livrés pieds et poings liés au décervelage des chaînes privées, ciblés, circonvenus par les marchands de « produits », de fringues et autres détenteurs de « marques », les éléments les plus vulnérables des nouvelles générations s'acheminent, comme à reculons, vers des formes d'existence et de conscience qui rappellent celles du prolétariat violent et misérable sorti, au début du XIXe siècle, des décombres de l'antique société agraire.

L'espèce de glaciation où nous sommes entrés depuis trois décennies a figé les positions, exaspéré la contradiction dans les termes à quoi s'apparente une école républicaine, c'est-à-dire formellement égalitaire, dans une société qui ne l'est point et n'y prétend plus.

Tout enseignant est pris dans un dilemme dont les termes sont également funestes. Ou bien il se conforme aux directives officielles. Il pénalise alors les élèves qui, en l'absence des conditions requises, ne sauraient y répondre et manifestent, publiquement et à leurs propres yeux, leur incapacité. Il a sauvegardé son image légitime, et la part d'amour-propre qu'elle enferme, en répercutant l'injustice du monde extérieur à l'intérieur de sa classe. Ou bien il a égard aux difficultés, aux retards, à l'inadaptation massive, souvent tragique, des enfants les plus démunis, qui peuvent constituer la majorité de l'effectif. Il abaisse délibérément ses exigences en matière de compréhension et de conduite pour leur permettre d'éprouver, à quelque degré, ce sentiment de réussite dont l'expérience est sans doute décisive au seuil d'une vie d'homme, de femme. Mais il ne peut pas ne pas savoir combien ce succès, cette maîtrise sont inférieurs à ceux qu'obtiennent, à âge égal – s'il n'est pas moindre – et au même niveau, les élèves les plus favorisés. Ce n'est pas tout. Il a dérogé à ses prétentions statutaires pour se mettre à la portée d'un public autrement inaccessible. Il doit donc payer d'un fort sentiment de gâchis, de culpabilité, cet abaissement des exigences qui le qualifient comme enseignant.

Placé entre les classes d'âge et de revenu, les groupes ethniques et confessionnels qui tendent à s'affirmer comme tels, le corps professoral est soumis à des contraintes qu'il ne saurait supporter bien longtemps. La crise du recrutement est ouverte. Quel attrait peut encore s'attacher à un métier que ceux qui l'exercent estiment profondément dégradé ? Les deux tiers des enseignants du premier cycle, qui ne sont pas sans bonne volonté ni vertu pourtant, tiennent le collège unique pour un échec. De nombreux professeurs, des femmes en particulier, qui se sentirent appelées à enseigner, à étendre au-delà de la sphère domestique les tâches éducatives qui leur sont traditionnellement confiées, ont abandonné. Elles se sont repliées sur la documentation, les postes administratifs, lorsqu'elles n'ont pas fait valoir le droit à la retraite anticipée que leur avait donné leur troisième enfant. J'ai vu ces collègues quitter sans regret un métier qu'elles avaient embrassé comme une vocation et pratiqué, d'abord, avec passion. Les étudiants des IUFM demandent, pour la plupart, à être versés dans le primaire, les jeunes filles, en particulier, peu soucieuses de s'exposer aux blessures symboliques, quand elles ne sont pas physiques, qui tendent à devenir partie intégrante de la condition enseignante en collège ou au lycée. Le moment approche où, faute de professeurs, toute communication risque d'être interrompue entre les groupes sociaux et les générations. Si nulle initiative, nulle perspective dignes de ce nom ne se dessinent dans l'intervalle, c'est à la catastrophe que nous courons.

ANDRÉ COMTE-SPONVILLE

Philosophie de l'ennui

ANDRÉ COMTE-SPONVILLE : philosophe, il a publié avec Luc Ferry une conversation philosophique, *La Sagesse des Modernes*, en 1999 (Laffont). Son œuvre revisite la tradition de la philosophie matérialiste. En 2002, le *Traité du désespoir et de la béatitude* (PUF) a réhabilité la réflexion éthique.

L'ennui fait partie de la condition humaine. Est-il le propre de l'homme ? J'ai souvent eu le sentiment, dans les zoos, que plusieurs animaux s'ennuyaient. Peut-être était-ce lié aux conditions antinaturelles qu'on leur imposait, qui les empêchaient de jouir de la vie pour laquelle ils étaient naturellement programmés ? Je ne sais. Chez l'être humain, en tout cas, l'ennui me paraît plus essentiel. C'est qu'il touche au désir, plus qu'aux instincts ou aux pulsions, au temps (et d'abord à l'avenir), plus qu'au présent. C'est qu'il touche à la pensée, à l'imaginaire – à l'esprit.

Bref, il est normal, pour un être humain, de s'ennuyer parfois. C'est même souhaitable, sain, tonique – par l'obligation où l'on est alors, pour échapper à l'ennui, de s'occuper. « Il faut travailler, sinon par goût, du moins par désespoir, puisque, tout bien vérifié, travailler est moins ennuyeux que s'amuser », écrivait Baudelaire. Parole de mélancolique, qui pourrait aussi expliquer pourquoi tant de grands hommes l'ont été... Non que la mélancolie soit par elle-même créatrice. C'est la création plutôt qui est comme un antidote, au moins provisoire, à la tristesse. Baudelaire savait ce qu'il disait. Ce n'est pas le malheur qui est créateur, ni l'ennui, mais les efforts qu'on fait pour les surmonter l'un et l'autre. C'est peut-être à l'ennui que nous devons l'essentiel de la culture humaine : parce que de grands esprits, pour se désennuyer, ont entrepris de nous divertir. Encore faut-il qu'il y ait de grands esprits, et qu'ils ne se contentent pas de bâiller au spectacle. L'ennui mène à tout, à condition d'en sortir.

Qu'est-ce que l'ennui ? C'est un sentiment plus qu'une sensation, un état d'âme (un affect) plus qu'un état du corps. Mais qu'est-ce qui se ressent dans ce sentiment ? Le temps, le moi. Autrement dit rien, ou presque rien. L'ennui est une maladie de l'imagination.

Je m'ennuie lorsque j'ai le sentiment que le temps s'écoule trop lentement, qu'il est trop vide pour m'intéresser ou trop répétitif pour me satisfaire. « S'ennuyer, disait Cioran, c'est chiquer du temps », c'est-à-dire le mâcher et le remâcher, jusqu'à la lassitude, jusqu'à l'écœurement – jusqu'à en perdre le goût. Mais pourquoi le mâcher et le remâcher ainsi ? Parce qu'on n'a rien de mieux à se mettre sous la dent. Le présent ne nous satisfait pas : on ne sait qu'attendre l'avenir, qui n'est jamais là, et qui n'est jamais aussi lent à venir, nous l'avons tous éprouvé, que lorsqu'on se contente ainsi, paresseusement, absurdement, de l'attendre. Temps vide, ou du moins vécu comme tel : pour celui qui s'ennuie, le présent n'est plus que l'absence (mais actuelle, mais vécue, et qui creuse le présent comme un ver) de l'avenir.

Certes, à le considérer objectivement, que l'on s'ennuie ou pas, le temps reste le même : c'est toujours du présent, de la durée, que nos horloges mesurent toujours au même rythme. Un cours, ennuyeux ou passionnant, n'en dure pas moins 55 minutes. Oui. Mais 55 minutes qu'on *ne sent pas passer* quand la passion est là, et qui ne passent plus du tout, ou si lentement, lorsque l'ennui s'installe. L'ennui, c'est l'expérience d'un temps vide ou vain, et l'abattement qui en résulte. C'est le *ressentiment* du temps, d'abord parce qu'on ne cesse de le ressentir, de le mâcher et de le remâcher, mais aussi parce qu'on lui en veut d'être si incapable, ici et maintenant, de nous intéresser. C'est par quoi l'ennui touche à la vérité. Que le temps, considéré en lui-même, soit vide, cela fait partie de son essence, qui est de n'être pas un être : le temps n'existe pas en lui-même, disait Lucrèce ; il n'existe que par les événements qu'il contient et qui le constituent. Le présent lui-même n'y échappe pas : il n'est rien, ou il n'est qu'une abstraction, si on le considère en lui-même, indépendamment de ce qui se *présente*. Aussi n'est-ce jamais le temps qui est intéressant, mais ce que le temps contient ou ce qu'on en fait. Le monde, donc, ou l'action. Encore faut-il vouloir celle-ci ou s'intéresser à celui-là. Encore faut-il désirer ce qui est, c'est-à-dire aimer, ou ce qu'on fait, c'est-à-dire vouloir. C'est ce que l'ennui ne sait pas faire.

Une formule m'accompagne depuis mon adolescence : « Je n'ai pas peur de l'ennui ; l'ennui, c'est la vérité à l'état pur. » Mais pur de quoi ? De tout désir, de tout intérêt, de toute curiosité. Pureté du vide : pureté de la mort. » L'ennui, fruit de la morne incuriosité... », écrivait encore Baudelaire. Or chacun comprend que le désir, l'intérêt ou la curiosité n'ont d'existence que subjective : rien n'est désirable en soi (allez faire boire un âne qui n'a pas soif), ni digne en soi de curiosité. L'algèbre ou l'histoire, mais aussi bien le football ou la littérature, ce n'est intéressant qu'à la condition... qu'on s'y intéresse. Cette tautologie dit l'essentiel. L'ennui, comme l'intérêt, est un état subjectif : c'est l'état d'un sujet qui ne trouve rien de disponible, ni en lui ni hors de lui, qui puisse l'occuper, l'intéresser ou le divertir. Non que le réel fasse défaut (le réel, par définition, ne fait jamais défaut), ni forcément le désir. Mais ils ont cessé de coïncider : cela, qui est, j'échoue à le désirer ; cela, que je désire, échoue à être. Ainsi, ces enfants qui s'ennuient à l'école sont souvent pleins de désirs ; mais ce n'est pas l'école qu'ils désirent, ni le travail. Ils sont confrontés au réel (la classe en fait partie) ; mais ce n'est pas ce réel-là qu'ils désirent. Et nous-mêmes, adultes, ne nous arrive-t-il pas de trouver la vie ennuyeuse ? C'est que nous désirerions qu'elle soit autre, ou sommes incapables de la désirer telle qu'elle est. L'ennui est une leçon, mais qui nous en apprend plus sur l'homme que sur le monde : nous sommes des êtres de désir et d'imaginaire, qui ne savons ordinairement désirer que ce qui n'est pas. Comment ce qui est, dès lors que nous désirons autre chose, ne nous semblerait-il pas ennuyeux ?

L'ennui est aussi une expérience du moi, comme une auto-affection du sujet par lui-même, mais d'un sujet, là encore, réduit à sa plus simple expression, comme un sujet vide, qui ne trouverait rien en soi que la pure capacité d'éprouver ce *rien* qu'il est. Quand on n'a plus rien à se mettre sous la dent, il reste… la dent, la langue, la bouche. Chiquer du temps, c'est toujours se chiquer soi. On serait dégoûté à moins.

PASCAL, *PENSÉES*

**« Ennui.
Rien n'est si insupportable à l'homme que d'être dans un plein repos, sans passions, sans affaires, sans divertissement, sans application. Il sent alors son néant, son abandon, son insuffisance, sa dépendance, son impuissance, son vide. Incontinent il sortira du fond de son âme l'ennui, la noirceur, la tristesse, le chagrin, le dépit, le désespoir. »**

C'est pourquoi les hommes ont inventé le divertissement, et le travail en est un, et la philosophie, et toute action. On aurait tort d'y voir une condamnation. L'incapacité où nous sommes de nous satisfaire de nous-mêmes est certes le signe de notre misère, mais tout autant de notre grandeur. Seul l'infini pourrait nous satisfaire. À défaut de pouvoir le posséder, nous courons indéfiniment après le fini. Voyez ce roi qui chasse, qui met tant de passion à poursuivre un lièvre. Ce n'est pas le lièvre qui l'intéresse, mais la poursuite – non la *prise*, comme dit Pascal, mais la *chasse*. C'est qu'elle lui évite de penser à soi et à la mort. Mais c'est aussi qu'elle lui évite de s'ennuyer. Parce qu'elle lui donne matière à désirer, donc à agir, et cela vaut mieux, sans doute, que de ne désirer rien. « Le désir est l'essence même de l'homme », disait Spinoza : sans le désir, nous serions morts.

Le rapport entre l'ennui et le désir est bien perçu par Pascal. « On ne s'ennuie point de manger et dormir tous les jours, car la faim renaît et le sommeil ; sans cela on s'en ennuierait. Ainsi, sans la faim des choses spirituelles, on s'en ennuie. » Rien n'est ennuyeux, tant qu'on le désire. Tout l'est, lorsqu'on ne le désire plus. Mais qui peut désirer ce qu'il a ? Il faudrait donc souffrir du manque ou s'ennuyer de la possession. « Toujours nous tournons dans le même cercle », disait Lucrèce. C'est le cercle du manque. Tant que nous ne savons désirer que ce qui n'est pas, il nous faut manquer de quelque chose, donc souffrir, ou manquer de ce *manque* même, donc nous ennuyer.

En réalité, il existe deux formes d'ennui, comme il y a, disait George Bernard Shaw, deux catastrophes dans l'existence : la première, expliquait l'humoriste, c'est quand nos désirs ne sont pas satisfaits (tel est le cas, souvent, de nos élèves) ; la seconde, c'est lorsque nos désirs sont satisfaits (c'est par exemple celui de l'érudit et parfois de l'enseignant : les élèves sont lassants, et j'ai lu presque tous les livres). On remarquera pourtant que l'ennui, dans les deux cas, résulte d'un déphasage entre le désir et la réalité : soit parce que je désire ce qui n'est pas (manque), soit parce que je ne désire plus ce qui est (satiété). Le présent semble vide, mais c'est en vérité notre désir qui l'est, parce que le présent échoue à le remplir, ou ne le satisfait qu'en l'abolissant. Désir insatisfait, donc, ou plus de désir du tout : frustration ou dégoût.

Pour sortir de l'ennui, il faudrait donc éliminer ou réduire ce déphasage entre le désir et la réalité. Mais comment ? Il n'y a guère que deux solutions : changer le réel ou bien changer le désir. Changer le réel est bien sûr le plus simple, du moins en apparence, disons le plus désirable. Cela peut se faire de deux façons : soit en transformant *le* réel (c'est la logique de l'action), soit en changeant *de* réel (c'est la logique du voyage ou du tourisme). On aurait tort, dans les deux cas, de s'en priver.

Le problème, s'agissant des élèves qui s'ennuient à l'école, c'est que ces deux façons de changer le réel leur sont à peu près interdites. Ils ne peuvent pas changer de lieu, puisque l'école est obligatoire. Et ils ne peuvent guère transformer l'école, d'abord parce que cela ne dépend d'eux que pour une petite part (cela dépend des enseignants, mais avant tout des citoyens : dans une démocratie, c'est le peuple qui est souverain, pas les coordinations d'élèves ou les syndicats d'enseignants), ensuite parce que l'essentiel, à l'école, c'est le savoir, lequel peut, certes, être choisi (on peut enseigner telle partie du savoir disponible plutôt que telle autre : c'est ce qu'on appelle les programmes), mais pas modifié (il ne dépend pas des élèves que 2 + 2 fassent 4, ni qu'on ait pris la Bastille le 14 juillet 1789). La vérité n'obéit à personne, même pas au peuple souverain ; c'est ce que signifie la laïcité. Bref, la vérité est à prendre ou à laisser. Connaître, c'est prendre.

Pour supprimer ou réduire le déphasage entre le désir des élèves et la réalité qui leur est imposée, et légitimement imposée, il ne reste donc que transformer le désir des élèves, ou plutôt les aider à le transformer eux-mêmes – c'est-à-dire, selon le vrai sens du mot, les *élever*.

Comment ? En leur apprenant, si c'est possible, à désirer ce qui est. C'est-à-dire ce qu'ils ont ? Ce serait mal connaître la possession et le désir. Leur apprendre, plutôt, à désirer ce qu'ils découvrent, ce qu'ils comprennent ou apprennent, enfin, et surtout, ce qu'ils font. Non ce qui manque, donc, mais ce qui se donne à affronter, à explorer, à connaître, à admirer ou à faire. Cela vaut pour tout être humain, enfant ou adulte. Ce n'est pas la possession qui est bonne, c'est la jouissance en acte et c'est l'action. C'est pourquoi nous aimons la chasse plus que la prise : parce que la chasse est une activité, quand la prise n'est qu'une possession. C'est pourquoi nous aimons la lecture plus que les bibliothèques. Ce ne sont pas les livres qu'on a lus qui nous sauvent de l'ennui, ni ceux qu'on lira, mais celui-là seul, si c'est le cas, qu'on est en train de lire. Encore faut-il qu'il soit intéressant ? C'est tout le problème. Que rien ne soit intéressant en soi, c'est ce que je rappelais tout à l'heure. Toutefois il y a des livres plus ennuyeux que d'autres. Essayez de lire le bottin : il y a beaucoup de personnages, mais l'ennui vient vite… Tout intérêt est subjectif, mais tout objet n'est pas susceptible de nous intéresser également. C'est le lot général du désir : il est une certaine affection du sujet, mais que tout objet n'est pas capable de susciter. « Quand je pense à Fernande…, chantait Brassens, quand je pense à Lulu… » Tout désir est de rencontre. Comment ne pas la souhaiter favorable ?

Un souhait, toutefois, ne fait pas une sagesse, ni même une pédagogie. C'est pourquoi il faut apprendre à désirer autrement et mieux (apprendre, exactement, à aimer et à vouloir). « Transformer ses désirs, disait Descartes, plutôt que l'ordre du monde. » C'est pourquoi il faut apprendre à apprendre. Mais on se trompe, me semble-t-il, quand on veut fonder une pédagogie sur le plaisir, l'agrément ou le divertissement. Intéresser ses élèves ? Cela vaut mieux, assurément, que le contraire. Mais il s'agit d'instruire, pour l'enseignant, et d'apprendre, pour l'élève. Que cela soit possible sans effort, c'est ce que je ne crois pas. Que cela soit possible sans ennui, au moins parfois, je ne le crois pas davantage. Qui ne s'est jamais ennuyé en lisant Racine ? Si on fait d'assez bonnes études, ce n'est pas parce qu'on ne s'ennuie jamais. C'est parce qu'on ne considère pas que tout ce qui ennuie est forcément « nul », comme disent les jeunes d'aujourd'hui. Ainsi avons-nous lu Racine, malgré l'ennui souvent qu'il nous inspirait : il nous semblait que cet ennui marquait nos limites davantage que les siennes. Et nous avons fini, avec le temps, par y trouver de l'intérêt... C'est la seule voie qui justifie l'école. Quand le plaisir suffit, à quoi bon une école obligatoire ? La télévision coûterait moins cher. « Mais les enfants zapperaient... » Voilà. C'est où le principe de plaisir atteint ses limites, qui le rendent à peu près incompatible avec toute formation un peu exigeante.

Il ne s'agit pas de remplacer l'effort par le plaisir, mais d'apprendre aux élèves à prendre plaisir à l'effort. Il ne s'agit pas de supprimer l'ennui, mais d'apprendre aux enfants à l'accepter, à le surmonter, à le dépasser parfois. Jouer ? S'amuser ? Ce n'est que le principe de plaisir. Mais l'école est presque toute du côté du principe de réalité, lequel impose que la jouissance soit différée d'abord et longtemps, jusqu'en ce point, toujours à réinventer, où l'on jouit de la réalité elle-même, non parce qu'elle serait agréable ou divertissante ($e = mc^2$, ça vous amuse ?), mais parce qu'il y a du plaisir dans le simple fait de s'y confronter.

Que les enfants préfèrent jouer, regarder la télévision ou bavarder, c'est une évidence, que Freud appelle le principe de plaisir, et qu'on aurait bien tort de leur reprocher. Mais ils sont à l'école, où le réel commande, où il *doit* commander. « Le monde, disait Freud, n'est pas une nursery. » Alain dénonçait déjà l'idéologie du jardin d'enfants – transformer le travail en jeu (surtout dans les petites classes) ou l'enseignement en spectacle (surtout dans les grandes) : « On n'apprend point la musique au concert. Ce n'est pas que l'intérêt manque, mais l'intérêt n'est pas le tout. » Ou plutôt il ne viendra qu'ensuite : il faut d'abord « travailler, et conquérir par là un genre de bonheur que le désir n'apercevait point. On ne peut jouir de la géométrie avant d'être géomètre ». Et si l'on peut jouir de la musique sans être musicien, les mélomanes le savent bien, ce n'est pas par cette jouissance qu'on le devient. Croyez bien que je le regrette : je serais autrement virtuose. Mais voilà : je n'ai pas travaillé pour cela, et c'est le travail, non le plaisir, qui fait progresser. Qu'il faille pour cela qu'un désir au moins préexiste, je le rappelais tout à l'heure. Désir de savoir, désir de réussite, désir de liberté... Mais ces désirs ne sauraient dispenser des efforts qu'ils motivent.

Et quand le plaisir n'est pas là, notre paresseux considère que c'est le magicien – l'enseignant – qui a raté son coup : c'est donc un mauvais prof, pense-t-il,

ALAIN, *PROPOS SUR L'ÉDUCATION*

« Le problème dès le commencement est celui-ci : il faut que l'enfant arrive à s'intéresser à des objets qui par eux-mêmes ne l'intéressent point. Les lettres n'intéressent personne ; c'est lire qui intéresse. Ajouter cinq à deux pour faire sept, cela n'intéresse personne ; mais c'est compter comme Inaudi qui intéresse. D'où cet ennui du paresseux, qui attend toujours que le plaisir lui vienne comme par magie. »

puisque je m'ennuie. Qu'il y ait de mauvais enseignants, la chose est hélas avérée. Mais si les meilleurs ont tant de mal aujourd'hui à faire leur métier, ce n'est pas qu'ils soient moins bons que les maîtres du passé, c'est qu'on leur demande de faire un métier impossible, qui serait de séduire toujours leurs élèves (alors qu'ils doivent les commander), de transformer le travail en jeu ou l'enseignement en spectacle.

L'enseignement supérieur ne fait pas exception : on s'y ennuie aussi. J'ai vu arriver de nombreux étudiants, en première année de faculté, qui entamaient des études de philosophie parce qu'ils avaient été séduits par leur professeur de terminale. Fort bien. Moi-même, semble-t-il, je ne les ennuyais pas trop. Mais quand il fallait lire Aristote ou Kant, cela n'allait plus. « Trop ennuyeux », disaient-ils. C'est ce que j'appelle un échec pédagogique. Non parce qu'ils jugeaient Aristote et Kant ennuyeux – ces immenses génies le sont parfois –, mais parce qu'ils considéraient, même après quinze ans d'école, de collège et de lycée, que l'ennui était une raison suffisante pour cesser de travailler. Que leur dire, sinon qu'ils avaient tort, qu'il leur faudrait changer de point de vue ou d'orientation ? S'ennuyer avec Aristote ou Kant est plus important, pour un apprenti philosophe, plus formateur que de suivre un cours divertissant. Ce qu'il s'agit de faire passer, ce n'est pas le talent du maître, d'ailleurs toujours improbable, c'est la richesse du savoir. Le plaisir ne viendra, s'il vient, que par surcroît.

L'ennui est une expérience du vide : vide du temps, vide du moi. Expérience paradoxale, puisque le présent ne fait jamais défaut, et pourtant inévitable lorsque c'est l'avenir (par exemple la fin du cours) qu'on attend – car l'avenir, lui, n'est jamais là. L'ennui, c'est le vide de l'avenir dans le présent. L'attente a pris toute la place, mais c'est une place vide (son objet, l'avenir, est absent par définition). Cette expérience, presque toujours désagréable, naît d'un déphasage entre le désir et la réalité. C'est pourquoi l'ennui est le contraire du jeu, du plaisir, du bonheur, qui se caractérisent par l'harmonie, ou la synchronie, entre le réel vécu et le désir vivant. Mais ce déphasage fait lui-même partie de la réalité. On ne gagne rien, dans les écoles ni dans la vie, à prétendre l'escamoter. L'ennui fait partie de la condition humaine : comment ne ferait-il pas partie de la condition scolaire ? La vie n'est pas une partie de plaisir. Et aucun bonheur n'est donné tout fait. « Le contraire du jeu n'est pas le sérieux, disait Freud, mais la réalité. » Nos enfants, pour jouer, n'ont pas besoin des adultes. Pour travailler, si.

« Vivement la fin du cours ! » « Vivement le week-end ! » « Vivement les vacances ! » Rien là que de très normal, de la part des élèves, et même de très sain. Un enfant qui ne préférerait pas les vacances (quitte à s'y ennuyer aussi, lorsqu'elles seront là), je m'inquiéterais pour son équilibre, pour son épanouissement, pour sa vie de famille… Mais on se trompe gravement si l'on veut adapter l'école aux désirs des enfants. C'est le contraire qu'il faut faire : adapter, autant que faire se peut, les désirs des enfants à l'école. Il faut donc leur apprendre à désirer cela même qu'ils ne désiraient pas d'abord : non le plaisir immédiat mais l'effort, non le jeu mais le travail, non le spectacle mais l'exercice (*askêsis*, aurait-on dit en grec : tout travail est une ascèse) – non un bonheur tout fait mais un bonheur à faire. C'est la seule façon d'avancer, et c'est pourquoi nos enfants ont besoin de l'école. Parce que le jeu ne suffit pas. Parce que le plaisir ne suffit pas. Parce que le bonheur n'est pas un spectacle. Bref, le maître n'est pas là pour satisfaire une attente, mais pour susciter une attention. Non pour créer un désir, mais pour guider une volonté. Non pour séduire, mais pour instruire. Que cela n'aille pas sans contraintes, c'est ce que la discipline rappelle, et qui la rend indispensable. Que cela n'aille pas sans ennui, parfois, c'est ce que les bons élèves savent bien, et qu'ils acceptent humblement. C'est que ceux-là veulent réussir, quand les autres ne font que l'espérer. Un bon élève, ce n'est pas un élève qui ne s'ennuie jamais. C'est un élève qui accepte de s'ennuyer, au moins parfois, qui n'y voit pas la récusation de l'école, du travail, de la culture. Car enfin la réussite dépend des élèves, il faut le rappeler pour finir, au moins autant que des enseignants. Les bons élèves sont ceux qui désirent ce qui dépend d'eux (travailler, progresser), plutôt que ce qui n'en dépend pas (l'intérêt du spectacle). Le paradoxe est que les bons élèves finissent par s'y intéresser, quand les mauvais, même avec les meilleurs professeurs, finissent toujours par s'ennuyer.

Quant au bon enseignant, c'est celui qui sait susciter, encourager et maintenir ce goût pour l'effort, pour le travail, pour la difficulté affrontée et surmontée. C'est celui qui apprend à ses élèves à vouloir, plutôt que d'essayer perpétuellement de satisfaire leurs attentes. « L'intérêt de vouloir, disait Alain, est bien au-dessus de la molle et paresseuse curiosité. » Et le travail, ajouterai-je, est bien au-dessus du simple divertissement – ou plutôt, dirait Pascal, il est à l'école, hors la cour de récréation, le seul divertissement qui vaille.

Conclusion

L'ennui gravement à l'école

Le Conseil national des programmes a organisé le colloque sur l'ennui à l'école en réponse à une demande sociale : on entend dire un peu partout que ce nouveau mal frappe une bonne partie des élèves dans les classes. L'écho qu'a suscité le colloque témoigne de la force de cette demande. L'ennui passionne ! Au cours de cette journée, les diverses communications présentées ont permis de mieux voir ce qui se cache derrière le symptôme de l'ennui. Elles n'ont pas manqué de poser, en même temps, quelques grandes questions concernant les finalités du travail scolaire.

Clarifier un débat

L'« ennui » n'est pas un concept au contenu clairement défini et ses usages varient jusqu'à prendre parfois des sens opposés. L'ennui a une histoire, il est même devenu un motif littéraire majeur à l'époque romantique. Il pouvait alors fournir une occasion propice à la création artistique et à l'épanouissement personnel. Sans ennui point de rêverie, sans langueur point de lecture ; et sans rêverie ni lecture, point de culture.

Il existe donc un bon ennui : celui qui naît du refus du conformisme ambiant. Cet ennui permet de passer, en quelque sorte, au-delà de l'école : celle-ci transmet un savoir figé et conventionnel ; l'élève talentueux cherche à explorer des voies inconnues, l'école ne lui apprend pas ce à quoi il aspire. Il est pourtant obligé d'y rester : il s'ennuie.

Mais ce n'est pas cet ennui-là, on s'en doute, qui pose tant problème aux éducateurs et aux enseignants ; ce qu'ils cherchent à surmonter, c'est plutôt l'ennui qui décourage les élèves de tout apprentissage et qui les condamne à rester, cette fois, en deçà de l'école. Sans doute y a-t-il des professeurs qui ne savent pas intéresser leurs élèves ; sans doute y a-t-il encore des programmes inadaptés ou trop adaptés, trop lourds (donc trop pesants) ou trop « light » (donc insipides) ; mais il y a aussi des élèves peu motivés, issus parfois d'un milieu culturel très éloigné des préoccupations scolaires, qui voient mal pourquoi ils devraient perdre leur temps avec cet apprentissage rébarbatif.

Face à cette situation, deux attitudes extrêmes peuvent être adoptées, comme l'ont rappelé plusieurs contributions. Selon la première conception, pour l'enfant qui ne connaît que des distractions, l'effort exigé par le travail scolaire prendra toujours le visage de l'ennui. C'est un inconvénient, certes, mais il faut s'en accommoder : l'élève travaille d'abord sous la contrainte, et ce qu'il apprend lui donne le désir d'en apprendre plus.

Inutile donc de lui dorer la pilule en cherchant à rendre l'école plus attractive et plus proche des plaisirs extrascolaires. Ce qu'il apprend, c'est justement la nécessité du travail et de l'effort ; en fin de compte, c'est sa perception même qui change, et le plaisir vient de surcroît.

Selon l'autre conception, on se condamne de cette manière à dégoûter les enfants de l'école et à les rejeter tôt ou tard du système scolaire. Ici l'ennui conduit à la violence. L'école, soumise à la concurrence inédite de la « culture médiatique », se doit de relever le défi si elle veut lutter efficacement contre la disparité entre des élèves initiés aux joies subtiles de l'ennui (les enfants des profs) et d'autres animés par la seule gestuelle du zapping. La connivence scolaire a disparu, le seuil de tolérance à l'ennui s'est considérablement abaissé. Dès lors, sauf à s'arc-bouter sur la nostalgie d'une époque révolue, il revient au pédagogue de mobiliser tous les moyens pour rendre cette concurrence moins déloyale.

Même si les termes employés au cours de ce débat sont nouveaux, son contenu est bien ancien : il rappelle le conflit entre ces écoles philosophiques de l'Antiquité qui affirmaient, l'une, que si l'on devient vertueux on en éprouve de ce fait même un bonheur, et l'autre, qu'en conquérant le bonheur on accède à la vertu.

On peut se demander si une opposition aussi tranchée ne trahit pas la complexité de la situation scolaire. Y a-t-il une véritable incompatibilité entre l'exercice et l'intérêt, l'effort et le plaisir, l'utile et l'agréable, comme semble le postuler le débat, désormais bien balisé[1], entre « républicains » et « pédagogues » ? Est-il

1. Le CNP en avait déjà énoncé les termes dans son rapport de 1994, *Idées directrices pour les programmes de collège.*

vraiment nécessaire d'en passer par l'ennui et la contrainte pour acquérir le goût de l'étude ? Tout travail est-il obligatoirement pénible ?

Pour essayer de surmonter cette dichotomie brutale, on pourrait remarquer que ce n'est pas le travail en lui-même qui provoque ennui et dégoût : il est des travaux que même les plus grands cancres accomplissent avec joie. Ce qu'ils fuient est moins le travail lui-même, que le travail dépourvu de sens, celui dont ils ne voient pas la finalité. Ce qui, à son tour, pose la grande question des objectifs de l'école.

NIETZSCHE, *HUMAIN, TROP HUMAIN*

« Pour échapper à l'ennui, l'homme travaille au-delà de la mesure de ses autres besoins ou il invente le jeu, c'est-à-dire le travail qui ne doit apaiser aucun autre besoin que celui du travail en général. Celui qui est saoul du jeu et qui n'a point, par de nouveaux besoins, de raison de travailler, celui-là est pris parfois du désir d'un troisième état, qui serait au jeu ce que planer est à danser, ce que danser est à marcher, d'un mouvement bienheureux et paisible : c'est la vision du bonheur des artistes et des philosophes. »

PENSER LES FINALITÉS DE L'ÉCOLE

Les objectifs visés par l'institution scolaire n'ont évidemment pas toujours été perçus de la même manière. Pour tenter de le faire apparaître, on peut distinguer trois époques de l'école, marquées par trois « vagues » idéologiques : l'instruction publique, l'éducation nationale, la formation individuelle.

1. Selon un premier modèle, l'enseignement a pris la forme d'une « instruction publique » dont le but

fondamental est de transmettre des savoirs et des connaissances. On a coutume d'opposer ici Condorcet à Rousseau. En effet, le premier reproche au second dans ses *Mémoires sur l'instruction publique* (publiés en 1791) sa méfiance à l'égard des sciences et des arts. Partisan d'une « éducation négative », Rousseau entendait davantage lutter contre le préjugé et les illusions de la connaissance que favoriser l'accumulation de savoirs. Condorcet y voit un double danger : celui de transmettre à la fois trop peu de savoir (c'est un « art d'apprendre à ignorer ») et trop de valeurs (qui ne relèvent pas de la sphère publique, mais de la seule sphère privée). Quant à lui, il entendait promouvoir une « éducation positive » transmettant les connaissances dans le but de favoriser les progrès de l'esprit humain. Selon Condorcet, le savoir par lui-même éduque et élève l'enfant à l'humanité en l'arrachant aux préjugés. Il lui permet donc d'accéder à l'autonomie. Inspirée de l'encyclopédisme, cette position aura une influence durable sur les contenus des programmes scolaires.

2. Le passage à l'« éducation nationale » (qui se produit légalement en 1932 sous le ministère d'Anatole de Monzie) manifeste plutôt un élargissement du domaine éducatif, dans le contexte de la montée en puissance de l'État providence, qu'un retour à Rousseau. Ce point avait été pressenti dès la période révolutionnaire par le très fin Rabaut Saint-Étienne : « Il faut distinguer, écrivait-il, l'instruction publique de l'éducation nationale ; l'instruction publique éclaire et exerce l'esprit, l'éducation doit former le cœur ; la première doit donner des lumières, et la seconde des vertus ; la première fera le lustre de la société, la seconde en fera la consistance et la force. L'instruction publique

demande des lycées, des collèges, des académies, des livres, des instruments, des calculs, des méthodes, elle s'enferme dans les murs ; l'éducation nationale demande des cirques, des gymnases, des armes, des jeux publics, des fêtes nationales, le concours fraternel de tous les âges et de tous les sexes, et le spectacle imposant et doux de la société humaine rassemblée. Elle veut un grand espace, le spectacle des champs et de la nature. L'éducation nationale est nécessaire à tous, l'instruction publique est le partage de quelques-uns. Elles sont sœurs, mais l'éducation nationale est l'aînée. Que dis-je ! c'est la mère commune de tous les citoyens qui leur donne à tous le même lait, qui les élève et les traite en frères, et qui, par la communauté de ses soins, leur donne cet air de ressemblance et de famille qui distingue un peuple ainsi élevé de tous les autres peuples de la terre[1]. »

La finalité de l'éducation est donc ici clairement collective : elle vise à faire de la société une nation, à créer et à renforcer une identité commune. Cette dimension-là est le cœur de l'école républicaine, comme en témoignent les manuels scolaires d'une certaine époque : *Le Tour de France de deux enfants* ou le *Petit Lavisse.*

3. Si cette dimension nationale voire nationaliste de l'éducation s'est aujourd'hui clairement effacée, c'est sans doute davantage du fait de sa réussite que de son épuisement. Même si le communautarisme reste une menace, même si la prise en compte des identités particulières (ethniques, sexuelles, religieuses) demeure problématique, l'espace de la laïcité apparaît suffisam-

1. Projet d'éducation nationale présenté à la Convention nationale le 21 décembre 1792, in B. Baczko, *Une éducation pour la démocratie*, Paris, Droz, 2000, p. 297.

ment fondé pour y apporter des réponses efficaces. On pourrait donc penser que les finalités de l'éducation se sont déplacées du collectif à l'individuel. La formation ne vise pas seulement à donner la culture aux citoyens de la République (instruction publique) ou à forger l'identité collective de la Nation (éducation nationale), mais à « produire » de l'Individu. Tâche inédite et d'une difficulté redoutable, qui explique largement le sentiment actuel de vivre une « crise de l'école ». En effet, l'équation à résoudre semble quasi insoluble, puisque, dans ce nouveau dispositif, l'individu est tout à la fois condition, obstacle et finalité de la formation. Condition, parce que l'enfant apparaît à l'école déjà comme un individu, devant, comme tel, être respecté. Obstacle, car cette individualité première doit être en quelque manière « brimée », voire « aliénée » par l'éducation. Finalité, car il faut qu'en passant par l'école, cette individualité s'épanouisse sans se renfermer dans sa particularité égoïste, *s'élève* en s'ouvrant au monde et aux autres.

Cet objectif d'« individualiser l'individu », qu'il revient à l'école de réaliser aujourd'hui, marque donc un élargissement considérable de ses missions traditionnelles. L'idée d'une « formation tout au long de la vie » n'en est qu'un des signes les plus visibles.

Si l'on adopte cette perspective, on comprend que la question de l'ennui soit, plus que jamais, à l'ordre du jour. Faute de critères solides et incontestables, indexés au progrès de l'humanité ou au renforcement de l'identité nationale, le sens des contenus d'enseignement ne saurait être mesuré qu'à l'aune des aspirations individuelles : l'école devient le lieu d'épanouissement de l'élève, tout ce qui l'ennuie ou le contraint est perçu comme mauvais par définition.

Donner un sens aux études

Plutôt que d'avoir à choisir entre ces conceptions concurrentes, le moment est peut-être venu pour nous de chercher à les articuler, en interrogeant la portée de chacune d'elles.

Notre enseignement fait toujours sienne l'hypothèse de Condorcet : on estime que la transmission des connaissances favorise la formation de l'esprit de l'élève. Mais l'on voit que, de ce point de vue, l'acquisition des savoirs est moyen, non fin. Que nous reste-t-il, à nous adultes, de nos années d'école primaire ou de collège ? Non des savoirs, mais des savoir-faire : lire, écrire, compter, comme on disait naguère, mais aussi et surtout la capacité d'apprendre, d'assimiler des informations et des techniques en renouvellement constant. Le passage de l'enfance à l'âge adulte, qui s'opère grâce à l'école, permet à chacun d'acquérir une existence sociale. Au moment où l'enfant entre à l'école, son esprit n'est pas une page blanche, cet enfant a déjà appris à chercher sa place dans le monde des adultes comme dans celui des autres enfants. Mais, contrairement à son professeur, il ignore qu'il pourra enrichir et affermir son existence grâce à l'acquisition de savoirs. On ne doit pas s'étonner s'il n'éprouve pas d'emblée un intérêt particulier pour cette activité, ni même si elle l'ennuie : il en ignore le sens. Il faut bien dire que le professeur lui-même, pris dans l'enchaînement de ses tâches quotidiennes, finit souvent par l'oublier.

Nous ne pouvons pas remettre en question la valeur attribuée à l'épanouissement individuel. En revanche, nous pouvons contester la conception anthropologique qui semble souvent la soutenir. Contrairement à ce qu'affirme le postulat individualiste, il n'y a pas d'antinomie entre individu et société : l'individu lui-même est de part en part social. Son épanouissement personnel passe obligatoirement par la maîtrise accrue des codes sociaux et par la reconnaissance qu'il reçoit de ses partenaires dans l'existence, proches et lointains. Loin de constituer un obstacle, l'apprentissage scolaire peut devenir la voie royale de l'accomplissement de l'individu – un individu débarrassé des illusions de l'autosuffisance, ouvert au monde et aux autres, car sachant qu'ils sont la source de son propre enrichissement.

C'est bien pourquoi il est nécessaire de donner à tous les membres d'une société une certaine culture commune – débarrassée à son tour de toute visée nationaliste. La culture n'est pas un signe d'appartenance à l'élite ni un savoir purement utilitaire ; elle est ce qui permet à chacun de nous d'avoir une existence sociale, de comprendre le monde dans lequel nous vivons et d'y trouver une place. Sans cette maîtrise minimale de l'instrument nous servant à nous orienter dans notre société, nous sommes condamnés, puisque nous aspirons à en recevoir reconnaissance et respect, à la seule violence. Cette culture commune ne signifie pas pour autant enfermement national : nous savons que toute culture vivante est un ensemble en continuelle transformation, notamment par le contact avec les cultures voisines ; nous savons aussi que toute culture est hétérogène et qu'elle comporte des ingrédients partagés avec les autres.

C'est cette exigence d'avoir une culture qui explique la nécessité d'établir un programme commun à toutes les écoles du pays, tout en sachant que ce programme est destiné à se transformer au fur et à mesure de l'évolution sociale. Le choix des matières à étudier ne peut être laissé aux familles ni aux professeurs individuels, même si la personnalité des uns et des autres influe forcément sur le travail pédagogique. Le Conseil national des programmes a pour mission d'encadrer et d'animer le débat concernant ce sujet[1], mais il n'oublie pas pour autant que cette tâche doit être conduite par la collectivité tout entière comme une réflexion sur elle-même.

PIERRE-HENRI TAVOILLOT
TZVETAN TODOROV,
membres du CNP

1. C'est l'objet de la collection « Les débats du CNP » que ce livre inaugure.

Le Conseil national des programmes

Présidé par le mathématicien Didier Dacunha-Castelle de 1990 à 1993, puis par le philosophe Luc Ferry, le Conseil national des programmes a pour président, depuis juin 2002, Jean-Didier Vincent, neurobiologiste. Il est constitué de vingt-deux membres, nommés pour cinq ans et renouvelables une fois ; ils sont choisis par le ministre, à titre personnel, pour leur compétence et leur expérience.

Sous l'autorité du président, le secrétaire général – Dominique Raulin depuis septembre 2002 – organise et coordonne le travail du CNP. Il assure les liaisons nécessaires avec l'ensemble des partenaires institutionnels.

Les travaux du CNP s'inscrivent dans une réflexion globale sur l'éducation et ses grands objectifs, de la maternelle à l'université et dans tous les ordres d'enseignement. Le Conseil joue plus particulièrement un rôle dans la rénovation des programmes.

Les membres du CNP

Président : Jean-Didier Vincent, professeur des universités (neurobiologie)

Vice-présidente : Michelle Perrot, professeur des universités émérite (histoire)

Marc Baconnet, inspecteur général honoraire de l'Éducation nationale (lettres) – Sylvie Bidart, institutrice spécialisée – Claude Capelier, professeur agrégé (philosophie) – Rémy Coste, professeur certifié (mathématiques) – Claude Deschamps, professeur de chaire supérieure (mathématiques) – André Hussenet, inspecteur général de l'Éducation nationale (établissements et vie scolaire) – Ludovic Jullien, professeur des universités (chimie) – Jean-Hervé Lorenzi, professeur des universités (sciences économiques) – Michel Merle, professeur des universités (mathématiques) – Jean-Pierre Pesron, professeur agrégé (philosophie) – Joseph Philipps, inspecteur général de l'Éducation nationale (allemand) – Évelyne Pisier, professeur des universités (droit public et sciences politiques) – Marie Reynier, professeur des universités (mécanique) – Bernard Roulet, professeur des universités (physique) – Pierre-Henri Tavoillot, maître de conférences (philosophie) – Tzvetan Todorov, directeur de recherches au Centre national de la recherche scientifique (lettres) – Alain Trousson, professeur agrégé (philosophie) – Yvette Veyret, professeur des universités (géographie) – Michel Volovitch, professeur des universités (sciences du vivant)

Membre associé du CNP : Gilles Lipovetsky, professeur agrégé (philosophie)

Secrétariat général du Conseil

Secrétaire général : Dominique Raulin, professeur agrégé (mathématiques)

Adjointe au secrétaire général : Annie Papavoine, attachée d'administration centrale

Chargée de communication : Aliette Armel, ingénieur d'études

Chargée de mission : Agnès Brunet, professeur agrégé (lettres)

Secrétaire du CNP : Delphine Boué